협상
레버리지

**상대는 모르고 나만 아는**

# 협상 레버리지

초판 1쇄 인쇄  2019년 8월 10일
초판 1쇄 발행  2019년 8월 15일

지은이　　　이성대
펴낸이　　　홍성수
펴낸곳　　　(주)새로운 제안

책임편집　　이혜경
마케팅　　　문성빈
디자인　　　책은우주다

등록　　　　2005년 12월 22일 제2-4305호
주소　　　　(07285) 서울특별시 영등포구 선유로3길 10 하우스디비즈 708호
전화　　　　02-2238-9740　팩스 02-2238-9743
홈페이지　　www.jean.co.kr　email. webmaster@jean.co.kr

인쇄·제책　　예림인쇄, 예림바인딩

ISBN 978-89-5533-574-3 (13320)
ISBN 978-89-5533-575-0 (15320) 전자책

이 도서의 국립중앙도서관 출판예정도서목록(CIP)은 서지정보유통지원시스템 홈페이지(http://seoji.nl.go.kr)와
국가자료공동목록시스템(http://www.nl.go.kr/kolisnet)에서 이용하실 수 있습니다.(CIP제어번호 : 2019029347)

상대는 모르고 나만 아는

# 협상
# 레버리지

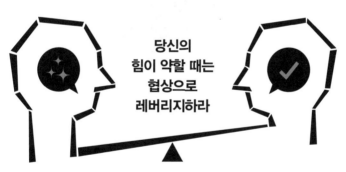

당신의
힘이 약할 때는
협상으로
레버리지하라

이성대 지음

새로운제안

# 협상 레버리지의 힘

**사회생활을 하는 사람 중 협상을 제대로 배운 사람은 얼마나 될까?**

많은 사람들이 협상을 알지 못한 채로 협상 테이블로 내몰린다. 배울 기회도 없고, 사실 가르치는 곳이 있는지도 모른다. 협상이라는 기술을 배울 수 있는 역량이라는 사실도 우리나라 직장인의 99%가 모른다. 기업체 강의에서 협상에 대해 배운 사람을 살펴보면 전체 참석자의 1% 수준에 불과하다. 나머지는 전혀 기회를 갖지 못하였고, 협상과 관련된 책을 한 권도 읽지 않았다.

학교나 직장에서 정확한 산술적인 생각만 해 온 사람들은 협상한다는 것을 이해하지 못하고 힘이 약하면 약한 대로 받아들여야 한다고 생각한다. 혹은 큰일을 하기에 힘이 역부족이라면 협상도 그에 맞추어 일의 규모를 줄이거나 기대치를 낮추려고 한다.

협상은 현재의 나의 힘을 극대화하고 강력한 상대의 힘을 이용할 수 있는 기술이다. 큰 바위를 혼자의 힘으로 움직이기 어려울 때 지렛대의 원리를 이용하면 좀 더 쉽게 바위를 움직일 수 있는 것과 비슷하다. 이 책에서는 지렛대의 원리에 비유하여 인간유형별 협상 상황별 기술을 설명하고 있으며, 이것을 협상 레버리지leverage라고 표현하고 있다.

협상과 관련된 용어의 범위는 매우 넓다. 대화, 토의, 소통, 분쟁 해결, 딜, 설득 등과 같은 용어들이 모두 협상의 범주에 들어올 수 있다. 우리가 사회생활을 하면서 하는 일들은 대부분 협상과 관련되어 있으며, 직위가 올라갈수록 협상에 대한 부담은 커진다. 스스로 협상을 주도해야 하기도 하지만 부하 직원들과 함께 협상 테이블을 주도해야 하기 때문이다.

미국이나 유럽은 어떨까? 세계 최고의 비즈니스 강국인 미국은 협상을 임원의 가장 중요한 역량으로 생각하고 있으며, 기업은 임원들의 협상 능력 향상을 위해 많은 시간과 예산을 투자한다. 미국 하버드대학교는 Program On Negotiation이라는 협상 연구소를 통해 협상 연구와 공개 협상 강의를 해 오고 있다. 많은 미국 기업과 정부 리더들은 이 협상 공개 과정에 참여하고 있으며 유럽, 아프리카 등지에서도 수많은 리더급 인재들이 여기에 참여하고 있다.

미국 리더들의 협상 체계는 이러한 연구와 교육 인프라를 바탕으로 발전되어 왔다. 우리나라의 리더들이 경험과 개인적 사고에 의존해 협상을 대하는 것과는 달리 그들은 체계적인 교육을 바탕으로 한 협상 체계를 통해 협상을 하고 있는 것이다.

**그렇다면 우리는 왜 협상을 공부하고 중요한 업무 역량 중 하나로 삼아야 하는가?**

협상은 학문적 탐구를 하는 학회나 과학 세미나에서 하는 의사 결정 방식과는 다르다. 학회나 세미나에서는 합리적이고 논리적이며, 근거와 사실 관계 확인을 통해 모두 인정할 만한 법칙이나 논리를 찾는다. 논리 혹은 법칙에 따라 모든 결론이 나오고, 많은 경우 다수의 동의 혹은 권위 있는 제3자의 결정으로 결론이 나게 된다.

그와 달리 협상은 논리나 근거를 가지고 다투어 서로가 인정하는 합의안을 만드는 것이 아니다. 협상은 상대와 대화를 통해 서로가 주관적으로 만족할 수 있는 합의를 하는 것이다. 이때 협상 테이블에서 강자라고 해서 일방적으로 협상 파워도 강하다고 보기 어렵다. 약자는 레버리지를 통하여 스스로 약한 부분을 효율적으로 조절하여 큰 힘을 발휘하도록 할 수 있다.

협상의 세계에서는 논리와 법칙을 떠나 약한 부분을 더 강하게 만드는 것이 가능하다. 이해관계가 얽혀 있거나 일을 추진하는데 나의 힘이 약할 경우 협상 레버리지를 통하여 자신의 힘을 키워 상대와의 협상을 성공으로 이끌어 갈 수 있다. 협상 레버리지 기술은 자신의 힘만으로 불가능해 보이는 일도 가능하게 만드는 파워가 있다. 협상을 이루려는 상황이 좋지 않거나 나의 협상 파워가 약할 때 협상 레버리지 기술은 반드시 필요하다.

### 협상 레버리지는 왜 필요한가?

협상 상대의 파워가 너무나 강하다면 어떻게 할 것인가? 반대로 공급자의 협상 파워가 너무 강하다면? 혹은 사업을 성공시키기 위해 합의를 이끌어야 하는 상대가 고집불통이라면? 협상을 해야만 하는 순간은 이렇듯 대부분 상대와의 합의가 쉽지 않는 경우이므로 협상 레버리지 기술은 매우 유용하게 사용될 수 있다. 협상 레버리지 기술이 필요한 상황은 어떤 것들이 있을까?

- 강한 상대와의 협상을 통해 내가 뭔가를 얻어야 할 때
- 나의 힘이 보잘것없지만 어느 누군가와 딜을 해야 할 때
- 다수의 고집스러운 상대와 공동의 합의를 이끌어내야 할 때
- 나와 너무 맞지 않는 사람들과 딜을 해야 할 때
- 상대와 대등하지만 도무지 어떻게 합의해야 할지 모를 때
- 나보다 약한 줄 알았던 상대가 갑자기 더 위협적일 때
- 새로운 상대와 새로운 사업을 원만하게 합의를 해야 할 때
- 상대가 계속 고집만을 부릴 때
- 협상을 하는 것이 너무 힘들지만 포기할 수 없을 때

만일 협상 레버리지 기술이 부족하다면 상대와의 협상에서 당신은 많은 부분을 양보할 수밖에 없을 것이다. 또한 협상 레버리지 기술은 상대와 대등하게 혹은 윈윈winwin 협상을 해야 할 때 더욱 유용하다. 상대가 협상의 원칙도 없이 마구 밀어붙일 때 차분하게 상대의 힘을 역이용해 더 나은 결과를 만들어 낼 수도 있다.

## 협상 레버리지 기술을 어떻게 배울 것인가?

이 책을 통하여 협상이 필요한 순간, 협상 안건, 협상을 하게 될 인간 유형, 협상 기술, 협상을 해 나갈 시나리오 디자인을 통해 구체적인 협상 레버리지 방법론들을 이해할 수 있을 것이다. 상대가 반칙을 사용하는 경우에도 유용하게 활용할 수 있을 것이다.

이 책을 통해 배우게 된 협상 레버리지 기술을 어떤 분야에 어떻게 활용할지는 전적으로 당신에게 달려 있다. 한번 읽고 마는 것이 아니라 많은 연습을 한다면 어떠한 상황에서도 활용이 가능하게 되는 것이다.

## 협상 레버리지는 선한 의도로

협상 레버리지 기술은 사람과의 관계를 더 좋게 하면서 사업을 더 나은 방향으로 이끄는 데 좋은 의도로 사용해야 한다. 만일 당신이 협상 레버리지를 통해 당신과 상대의 이익을 더 크게 하면서 상대와 협상한다면 당신에게 붙을 명예로운 협상가로서의 평판과 함께 그 자체가 당신에게 너무나 강력한 협상 파워가 될 것이다.

# 차례

**1장**　# 협상은 왜 필요한가

**2장**　# 무엇을 협상할 것인가

# 3장 협상 상대별 인간 유형

# 6장   상대가 반칙을 한다면

# 협상은
# 왜 필요한가

상대와의 대화를 통해
나의 약한 부분을 더 강하게 만들어
협상을 레버리지할 수 있다.
이것은 현재의 힘을 극대화하고
상대의 강력한 힘을
이용하는 기술이다.

# 협상만 잘해도
# 일생 동안 6억을
# 더 벌 수 있다

6 ────────────────

협상으로 얻을 수 있는 이익은 무한하다는 것을 알고 깜짝
놀랐습니다. 협상 기술이 뛰어난 사람이 그렇지 못한 사람
보다 평생 동안 6억을 더 벌 수 있다니⋯⋯.

──────────────── 9

최근의 연구 결과에 따르면 모든 조건이 같을 때 협상 기술이
뛰어나고 적극적인 사람이 직장 생활을 하는 동안 6억을 더
벌 수 있다고 한다.

어느 날 문득 다른 회사를 다니는 입사 동기의 연봉이 나보다
1000만 원 이상이 많다면 어떨까? 그러니까 은퇴할 무렵 내 연봉

이 동기의 연봉보다 6~7억 원 적다면 말이다.

입사 동기가 일을 더 잘한 것도 아니고 능력이 나보다 더 뛰어난 것도 아니라면 회사를 잘 들어간 것일까? 직장 생활을 같이 시작한 나와 업무 능력이 같음에도 불구하고 20년 동안 받은 연봉의 누적 차이가 6억 이상이라면 어떻겠는가?

연구 결과에 따르면[1] 일생 동안 협상에 적극적이고 능숙한 사람과 협상에 소극적인 사람의 누적된 연봉 차이는 6억 정도라고 한다. 6억이라는 금액은 25년 동안 직장 생활을 했을 때 매월 200만 원을 꼬박꼬박 저축한 액수이다. 연봉 누적 금액만 계산했을 때 6억 원이므로 직장 외에서의 경제 활동, 예를 들어 집을 사거나 전세나 월세로 집을 구하거나 차를 사는 등의 활동에서 생기는 차이까지 고려한다면 최소한 7~10억 원 이상이 될 것이다.

만일 당신이 협상을 정말 싫어한다면 눈에 보이는 이러한 금액의 차이를 수용하면 된다. 만일 이 금액 차이를 받아들이지 못하겠다면 적극적으로 협상을 배우는 것이 속이 덜 아프고 덜 우울할 수 있다.

...

우리는 이 책을 통해 협상 레버리지의 효과에 대해 알게 될 것이다. 협상 레버리지 효과란 협상이라는 활동을 통해 협상을 하

---

1 _ 카네기멜론대학의 Linda Bobcock 및 Sara Laschever의 연구는 남녀 간의 연봉 차이에 대한 연구에서 시작되었는데, 협상에 적극적인 사람과 소극적인 사람 간의 차이에 대입하여 활용. 협상에 소극적인 경우 협상을 위한 요구 자체에 소극적이다.

지 않았을 때보다 더 많은 것을 얻을 수 있는 효과를 말한다. 즉 협상이라는 지렛대를 이용하여 그 성과를 좀 더 크게 증폭시키는 것이다. 그러므로 협상을 통해 힘이 약하거나 가진 것이 없는 사람 또는 조직이 더 큰 힘을 발휘하거나 더 나은 성과를 거둘 수 있음을 말한다. 불리한 상황을 조금이나마 호전시킬 수도 있고, 혹시 나빠질지 모르는 결과를 좀 더 확실하게 더 나은 방향으로 바꿀 수도 있다. 그리고 더 공정하게 협상하며 상대와의 갈등을 더 원만하게 해결할 수도 있다. 그런 힘은 사실 협상 외에는 없는 것 같다.

...

개인을 떠나 회사 차원에서 보면 협상 레버리지 효과는 더 극적이 된다. 현대 사회는 회사 간 기술의 차이, 정보의 차이가 별로 없어 회사가 더 높은 수익을 올릴 방법은 점점 줄어드는 셈이다. 예를 들어 어떤 회사가 상대 회사와의 100억 원대 분쟁이 있을 경우 협상을 통해 약 30억 원을 절감했다면 그 회사는 사실상 600억 원대의 사업을 성공시킨 것이나 다름없다(이익률을 5%로 가정할 때 600억 원의 5%가 30억 원이다). 요즘 같은 시대에 600억 원대의 사업 수익을 협상으로 단숨에 만들어 낸다면 놀라운 일 아닌가?

...

협상은 개인이든 조직이든 빨리 배울수록 좋다. 당장이라도 배우기 싫다면 협상 레버리지 효과를 누리는 사람이나 회사를 부러워하지 말아야 한다. 그것은 당신이 선택한 일이기 때문이다. 그럼에도 불구하고 대부분의 회사들은 자신의 능력을 크게 키울 수 있는 협상 레버리지를 활용하지 않고 거의 방치하고 있는 실정이다. 매우 안타까운 일이다.

미국에서는 대부분의 회사 임원들이 협상을 배우기 위해 3~5일은 기꺼이 투자한다. 그 비용만 최소 1000만 원이다. 이유는 그들이 협상 레버리지 효과를 톡톡히 경험했기 때문일 것이다. 더 많은 수익을 올리고 더 나은 거래를 하고 분쟁을 더 나은 기회로 이끄는 유일한 방법이 협상이라는 사실을 그들은 이미 알고 있는 것이다. 미국은 과학 기술을 통해 세계 경제를 선도하지만 이것은 실제 적은 노력으로 더 큰 만족을 하는 것은 그들의 협상 레버리지 기술을 통해서이다. 우리가 과학 기술 개발에만 전념하고 협상 레버리지 기술을 등한시하면 결국 원하는 바를 얻지 못하게 될 수도 있다.

최근의 미국 등 세계열강만 보더라도 과학 기술 못지않게 협상 기술을 통해 세계 질서의 주도권을 쥐고 있다. 협상 레버리지 기술이 국가 차원에서도 중요한 무기가 되는 것이다.

# 협상은 더 나은
# 인간관계를 위한 것

> 협상을 배우고 나서 가장 달라진 점이 있다면 상대를 더 잘 이해하게 되었다는 거죠. 상대의 심리나 생각을 보는 관점이 달라졌어요.

협상 기술의 전제는 인간에 대한 철저한 분석과 이해이다. 협상은 상대 심리, 관점, 생각에 대한 이해에서 나온다. 최근의 뇌 과학과 심리학의 발달은 협상학의 발달에 많은 영향을 끼치고 있다.

…

협상은 상대를 좀 더 평화적으로 만족시키면서도 나 또한 좀 더 만족하기 위한 기술이다. 나와 협상한 상대가 나에게 당했다고 생각하거나 일방적인 협상 결과에 원통해한다면 언젠가 이루어질지도 모르는 그 사람과의 협상에서 또 어떤 상황이 벌어질지 모르는 일이다. 극단적으로는 상대로부터 직간접적으로 일방적인 원통한 협상을 당할 수 있다고 생각해야 한다. 한편 나와 협상한 상대가 협상 결과에 만족한다면 상대에게 크고 작은 보답을 받을 것이다. 그런 점에서 협상은 더 나은 인간관계를 위해서도 꼭 필요하다.

...

협상은 인간에 대한 연구 결과로 더욱 발전하게 되었다. 최근 뇌 과학 연구 결과와 심리학의 발달은 협상을 더 과학적으로 발전시키는 데 한몫을 했다. 뇌가 어떻게 판단을 하고 어떻게 상황을 받아들이는가에 따라 협상은 달라진다. 협상의 발달은 특히 뇌가 활성화되는 부위를 정확히 표시하는 MRI 기계 덕분이라고 할 수 있겠다.

뇌 과학 기술의 결과물을 활용하여 상대방이 나의 협상안을 더 잘 받아들일 수 있는 상황을 만들거나 더 쉽게 판단할 수 있도록 도와주면 되는 것이다. 만일 이런 원리를 잘 모른다면 상대가 더 싫어하는 조건을 제시하거나 더 악화된 분쟁 상황을 맞이하게 될 것이다. 이 책에서 소개하는 내용들은 뇌 과학의 결과들과 합치된다. 최근 뇌 과학에 대한 연구 결과와 저서들이 쏟아져 나오는 것은 협상 체계를 연구하고 강의하는 사람으로서 매우 다행스러운 일이다.

...

협상의 전제가 되는 인간에 대한 이해는 당신이 설사 협상을 하지 않더라도 인간을 대하는 기술은 최소한 좀 더 좋아질 수 있을 것이다. 협상 강의를 들은 많은 사람들이 협상을 잘하고 못하고를 떠나 자신과 함께 일하는 사람들에 대해 좀 더 잘 이해하게 되었다고 말한다. 함께 일하는 부장이 달라 보이고, 나와 거래하는 거래처 담당자들을 더 잘 이해하게 되었다고 한다. 또 나를 힘들게 하는 사람들을 더욱 요령 있게 다루고, 나에게 압박을 가하거나 인신공격을 하는 사람들을 효과적이고 강력하게 대처할 수 있게 되었다고도 한다.

나에게 잘해 주는 사람들이 성공할 수 있도록 도와줄 수도 있고, 그 사람들이 나에게 더 많은 기회를 줄 수도 있다. 이 모든 것은 인간에 대한 이해와 협상 기술들에 달려 있다. 만일 당신이 누군가와 협상하면서 상대를 가슴 아프게 하고 속상하게 하고 분노하게 하면서 결과를 나에게 유리하도록 가져왔다면 당신은 협상에 있어서 하수이다. 그가 당장은 어떻게 하지 않더라도 언젠가는 10배 이상의 것을 당신 손에서 도로 가져갈 수도 있다.

협상을 하면서 상대를 만족시키고 나에 대한 인식과 기억을 좋게 하면서 더 나은 결과를 가져오는 것은 어려운 일이기도 하지만 이제 이 책에서 다룰 협상 기술을 익힌다면 아주 자연스럽게 협상을 성공적으로 이끌어 줄 것이다.

# 협상 역량이
# 점점 더
# 중요해지는 이유

> 우리 부서 신입 직원들은 휴대폰을 보면서 일하는 것을 좋아하죠. 사람 간의 관계가 복잡하고 변수가 많은 일은 점점 하기 어려워합니다. 나중에 그런 일은 누가 할지 궁금하네요.

4차 산업 혁명 시대에는 분쟁을 해결하고 협상하는 능력이 더욱 필요하다. 대부분의 업무가 인공 지능으로 대체될 것이므로 상대적으로 인간만이 할 수 있는 역량이 더 중요해지는 까닭이다.

···

일상적이고 정형화된 거래에서 인간의 역할은 앞으로 점점 줄

어들 것이다. 아마존의 알렉사[2]는 음성으로 전달된 구매자의 의도를 그대로 아마존에 주문한다. 반복적으로 필요한 물품은 자동으로 정기 주문이 가능하도록 한다. 이러한 거래에서는 굳이 인간의 협상이 개입할 필요가 없다. 하지만 인공 지능의 출현으로 인간의 협상이 개입할 필요가 점점 사라질수록 인간이 이루어내야할 협상의 여지는 더욱 많아진다. 거래가 복잡하면 복잡할수록 당사자들이 개입해 합의해야 할 사안들이 많아지기 때문이다.

예를 들어 아마존 같은 대기업은 수많은 사람들과 무사히 거래가 이루어지도록 종종 발생하는 분쟁을 협상을 통해 원만하게 해결해야 한다. 때로는 소비자 집단이 아마존을 상대로 불만을 제기할 수도 있기 때문이다. 그런 순간마다 아마존은 자동화된 거래 외에도 소비자를 상대로 분쟁이 원만하게 해결되도록 협상해야한다. 그렇지 못하면 배상 책임 혹은 벌금이나 영업 정지 같은 처분을 받을 수도 있기 때문이다.

협상의 개념을 좀 더 확대해 소통Communication, 협력 관계Collaboration, 분쟁 해결Conflict Resolution 등으로 확대해 본다면 협상 역량은 거의 모든 문제를 담당하는 인간의 핵심 역량이 될 것이다.

---

2 _ 미국 아마존 사가 개발한 음성 인식 AI(Artificial Inteligence) 스피커 장치로 사람의 음성 주문을 인식하여 아마존에 직접 주문을 한다.

# 협상이 필요한 순간, 어떻게 포착할 것인가

6 ─────────────────────

시간이 지나 보면 그때 치열하게 협상을 했어야 했다는 걸 알게 되죠. 협상이 필요한 순간은 정해져 있지 않습니다. 내가 협상해야 한다고 생각하는 때가 협상이 필요한 순간 입니다.

───────────────────── 9

협상을 해야 하는 최적의 순간은 없다. 내가 협상을 해야 할 필요가 있을 때가 협상을 해야 할 때이다. 만일 그 순간을 놓 치고 나면 더 나은 거래를 잃거나 분쟁은 더 악화된다.

직장 생활을 하면서 혹은 일상생활을 하면서 협상을 해야 하는 순간은 늘 찾아온다. 하다못해 월셋집을 구하거나 중고물품을 거래할 때도 협상 기술이 필요하다. 언제 협상하는 것이 좋은가에 대한 정답은 없다. 다만 자신이 협상을 해야겠다고 생각하는 순간에 협상을 할 것인가 아니면 상대방의 제안을 그대로 받아들일 것인가의 문제만 있을 뿐이다.

사실 우리가 살아가면서 협상이 필요 없는 상황뿐이라면 그것은 쓸쓸한 일이기도 하다. 그만큼 표준화된 틀에 갇혀 생활하고 있다는 이야기이기 때문이다. 그런 의미에서 협상할 줄 아는 것은 특별한 사람들이 지닌 특별한 능력이며, 그런 사람들은 협상으로 더 많은 이익을 가져갈 기회를 가지게 되는 것이다.

···

모든 거래를 협상을 통해서만 할 필요도 없고, 모든 분쟁을 협상으로 해결할 수도 없다. 오랜 기간 정형화되거나 국가적으로 혹은 사회적으로 규범화된 거래는 협상을 할 필요가 없다. 예를 들어 맥도널드 혹은 스타벅스에서 햄버거와 커피를 구매하는 행위가 여기에 속한다. 하지만 정형화되지 않고 정형화될 수 없는 거래는 당연히 협상이 필요하다. 맥도날드는 식품 재료를 구매하기 위해 때로는 장기적인 협상을 할 수 있다. 스타벅스는 원두를 구매하기 위해 원두 생산자와 협상할 수 있으며, 때로는 원두를 편의점이나 마트에 대량으로 팔기 위해 유통 업체와 거래 조건에 대해 협상을 할 수도 있다. 그러나 언제나 늘 협상을 해야 할 때와 협상을 하지 않고 상대 조건을 받아들일지를 명확히 구분한다는 것은 쉬운 일이 아니다. 모든 거래가 상거래 관습을 기준으로 받아들여야 할지, 조목조목 자로 잰 듯 정확하게 협상해야 할지 구분할 수 있는 것은 아니다. 다만 우리가 피해야 할 것은 협상을 해야 하는 순간이라고 판단되는데도 특수한 상황 때문에 혹은 협상 기술이 부족해서 협상을 포기하는 것이다. 이 책을 통해 전달하고자 하는 것도 바로 협상을 해야 하는 순간에 필요한 지식과 기술이다.

...

어느 건설 회사 강의에서 경륜과 열정으로 가득한 부장이 "일을 진행하는 과정에서 상대가 클레임을 제기해 왔어요. 그때부터 저는 언제 협상을 해야 할지 모르겠더군요. 언제부터 협상을 시작하는 것이 가장 좋을까요?" 하고 질문을 해 왔다.

협상이 필요한 순간은 정해져 있지 않다. 이미 오래 전부터 혹은 상대를 만날 때부터 협상은 시작된 것이다.

"우선 당장 협상 준비를 하셔야 합니다. 상대는 이미 부장님과 협상을 시작했다고 생각할지 모릅니다."

질문에 대한 대답을 들은 부장은 당황한 듯했다. 그는 지금이라도 늦지 않았다거나 혹은 조금 더 기다려 보자는 대답을 기대했는지도 모른다.

우리는 의식하지 못하는 상황에서 상대가 이미 걸고 있는 협상 기술에 당하고 있는 것인지도 모른다. 이 책을 다 읽고 나면 당신이 그동안 협상 기술에 당한 경우가 얼마나 많았는지 알게 될 것이다.

# 협상을
# 포기해야 한다면
# 전략적으로

> 상대 거래처와 협상을 잘 하지 않게 되었어요. 협상을 포기하는 것이 습관이 되어 버렸습니다. 이제 어떻게 협상하는지도 잘 모르겠군요. 협상을 포기할지 말지…….

매번 협상을 적극적으로 해야만 하는 것은 아니다. 때로는 양보할 필요도 있다. 그러나 그것은 당신의 전략적 의지로 해야 한다.

···

협상을 하지 않아도 되는 상황이거나 협상하는 것이 법으로 금지된 경우가 아니라면 모든 상황은 협상할 수 있다. 전셋집이나 월셋집을 구할 때도 혹은 적절한 임차인을 찾을 때도 협상을 하게 된다. 심지어 백화점에서도 협상이 가능한 경우가 있다. 상대에게 가격 인하와 같은 협상을 요구하지 않았기 때문에 모르는 것 뿐이다. 회사와 회사 간 거래에서도 협상은 언제나 가능하다. 대부분 많은 사람들이 협상을 하려 하지 않거나, 어떻게 시도해야 할지 모르기 때문에 협상을 하지 않는 경우가 많은 것이지, 협상이 불가능한 경우란 사실 거의 없다. 때로는 상대가 교묘한 방법을 써서 협상이 불가한 상황인 것처럼 만들어 놓기도 하지만 이런 경우도 협상이 원래는 가능한 상황인 것이다.

때로는 상대와의 원만한 관계나 더 나은 다음번의 거래 혹은 또 다른 이유로 협상에서 양보하거나 협상을 하지 않게 될 수도 있다. 그런 경우 우리는 전략적으로 판단해야 한다.

···

다음은 전략적 포기(양보)를 하는 경우이다.

어떤 기계 부품 공급 회사가 새로운 거래처를 만들게 되었다. 이 회사의 사장은 상대와 오랜 기간 거래가 예상되는 경우에 처음부터 너무 딱딱하게 협상을 하면 상대와 좋은 관계가 어렵다고 판단했다. 상대방 회사도 무턱대고 가격을 깎거나 무리한 요구를 하는 회사는 아니었다. 그래서 사장은 우선 신뢰를 쌓기 위해 상대가 요구하는 사항을 보다 적극적으로 수용하기로 했다. 이런 경우 상대와 정말 장기적으로 관계가 이어질 것인지와 향후 신뢰가 쌓이면 더 나은 조건으로 거래가 가능할지를 고려해야 할 것이다.

만일 그러한 것들이 가능하다고 판단되면 첫 번째 협상은 양보하는 방향으로 진행할 수 있다. 이러한 판단은 전략적으로 내가 잃을 수 있는 것들과 얻을 수 있는 것들을 재무적 숫자로 예상하고 정리하여 협상에서 양보 혹은 포기에 대한 전략적 판단이 이루어져야 한다.

...

다음은 협상을 무턱대고 포기하는 경우이다.

발주사를 대상으로 건설 사업을 하는 사장이 이런 질문을 한 적이 있다. 요컨대 상대가 고객인 발주사이면 협상을 포기하는 것이 당연하다는 의미가 숨어 있는 질문이다.

"상대는 발주사이고 갑의 위치에 있는데 협상을 하지 않고 상대가 원하는 것을 모두 들어 주어야 하는 것 아닌가요?"

우리나라에서는 갑의 지위에 있는 상대가 요구하면 을은 웬만하면 들어 주어야 한다고 생각한다. 이러한 생각은 해외 사업을 하는 경우에도 그대로 이어져 해외에서 갑의 위치에 있는 상대방과는 협상을 잘 하려고 하지 않는다. 협상할 생각을 아예 하지 않는 것이다.

나는 그 사장에게 이렇게 답했다.

"사장님의 상대는 협상을 원했을지도 모릅니다. 혹은 상대가 기선을 제압해서 협상을 못하도록 분위기를 만들었을 수도 있지요."

그러자 사장은 다시 물었다.

"아니 그래도 어떻게 협상을 할 수 있나요?"

아마도 상대가 갑이라고 생각되면 협상을 포기하는 쪽으로 습관이 되어 버린 듯하다. 상대와의 협상에서 전략적 포기가 아닌 무조건적 포기는 습관적인 포기로 이어진다. 처음에는 이유가 있었을지 모르지만 습관으로 이어지면서 전략은 사라지고 무조건적 포기로 이어져 협상에 대하여 무기력해지는 것이다. 나중에는 전략적이고 뭐고 협상의 능력과 의지가 사라졌기 때문에 당연한 협상 포기로 이어지게 된다. 정리해 보자면 상대와 협상을 하지 않고 상대의 의사를 수용하는 의사 결정 과정에서도 그만큼 전략이 필요하다고 말할 수 있다.

···

다음은 협상에서 포기 혹은 양보를 해야 할 때 어떤 전략이 필요한지에 대한 예시이다.

- 상대와 신뢰가 쌓이면 주요 조건에 대해 재협상이 가능한가?
  ···› 만일 가능하지 않다면 적극적으로 협상한다.
- 상대와 장기적인 관계에서 실질적인 이익이 예상되는가? ···›
  장기적인 관계에서 실질적인 이익보다는 손실이 증가할 수 있다면 처음부터 적극적으로 협상한다.
- 협상 포기(양보)로 인한 재정적 손실이 수용할 만한가? ···› 1회성 협상 포기이더라도 재정적 손실이 감당하기 어려우면 적극적으로 협상한다.
- 상대는 나의 협상 포기(양보)를 호혜적인 포기(양보)로 인지하고

있는가? ⋯⟶ 상대가 협상 포기를 당연히 받아들일 수도 있다면 적극적으로 협상한다.

■ 상대와의 신뢰 관계로 나의 평판이 좋아지는가? ⋯⟶ 협상 포기가 좋지 않은 소문으로 평판이 오히려 나빠진다면 적극적으로 협상한다.

이외에도 고려할 수 있는 전략적 판단은 많이 있을 것이다. 이렇게 체크리스트를 만들어서 상대와의 협상을 포기(양보)할지 저극적으로 협상할지를 판단하면 좋을 것이다.

# 협상을 이끄는
# 리더의 역할

상무님은 협상이 잘 돼서 합의에 이를 때쯤 나타나죠. 협
상이 잘 진행되지 않으면 절대 나타나지 않습니다. 왜 그
럴까요?

조직의 리더가 문제 해결을 위해 협상에 직접 나서지 않는다
면 부하 직원들은 절대로 협상에 나서지 않을 것이다.

...

회사나 조직이 협상을 할 때 상대와의 거래 조건 협의나 분쟁
해결에서 좀처럼 실마리를 찾지 못하고 상황이 점점 악화되는 경
우가 있다. 그럴 경우 대부분 실무자들이 동분서주하면서 문제를

해결하기 위해 노력한다. 그럼에도 불구하고 상황이 더 나아질 기미가 보이지 않을 때도 있다. 이런 경우 회사나 조직의 임원이나 최고 책임자는 자신이 직접 나서서 해결하지 않고 상황이 흘러가는 대로 지켜보고 있는 경우가 종종 있다.

회사나 조직의 임원이나 최고 책임자 입장에서는 어차피 자신도 해결하지 못할 문제에 끼어들어 어설프게 협상하기보다는 실무자가 문제를 책임지도록 하는 것이 낫다고 생각할지 모른다. 어떤 임원은 협상이 잘 진행되면 마지막에 나서면서 일을 잘 마무리하는 듯 생색을 내고, 협상이 잘 진행되지 않으면 실무 책임자의 탓으로 돌린다면 어떻게 될까? 이러한 과정을 목격한 대부분의 실무자들은 문제가 해결되지 않으면 임원이나 최고 책임자가 나서서 문제를 해결하는 것이 아니라, 자신이 희생양이 될 수 있다는 것을 알게 된다. 그러한 조직은 당연히 그 누구도 협상에 직접적으로 나서려고 하지 않는다.

부장은 차장에게, 차장은 과장에게, 과장은 대리에게 협상의 당사자가 되도록 등을 떠민다. 그래서인지 일이 잘 풀리지 않는 회사나 조직에서는 낮은 직급의 직원이 협상 당사자가 되는 경우가 많다.

그 반면에 글로벌 기업들 중에서 오랜 기간 세계 최고 수준의 조직을 이끌어 가는 회사나 조직은 협상 당사자로 나서는 사람들의 직급이 높은 편이다. 중요한 협상은 임원 혹은 최고 책임자가 직접 나서서 통솔하고 협상하는 경우가 많으며, 협상 실무를 맡은 낮은 직급의 직원들이 그러한 상황을 보고 배우면서 자신도 높은 직급에 이르렀을 때 거래 조건이나 분쟁 해결에서 조직을 진두지휘하는 역량을 가지려고 노력하게 된다. 선순환의 구조로 돌아가는 조직이 되는 것이다.

...

최근 북미 관련 협상이나 미중 무역 협상에 지도자들이 직접 협상에 나서는 모습을 보면서 리더가 직접 나서는 협상이 얼마나 중요한지 실감한다. 우리나라 대통령도 직접 협상에 나서서 대화를 하는 경우를 보지 않는가? 실무자에게 협상을 모두 맡기고 자신은 나가서 계약서에 사인만 하는 그런 글로벌 리더는 없다.

만일 이 책을 읽는 당신이 리더의 지위에 있다면 당장 협상을 배우고 적극적으로 협상에 나서라. 리더의 자질 중 하나는 협상 능력인 점을 잊지 말아야 한다.

# 멀티 컬처 Multi-Culture[3]와 협상 상대

6 ───────────

그냥 만나던 사람들하고만 거래를 하다가 갑자기 해외 주재원으로 발령을 받아 나갔어요. 다양한 인종의 사람들과 거래를 하면서 사람들을 대하는 것이 가장 어렵다고 생각했습니다.

─────────── 9

해외에서는 한 나라에 다양한 인종들이 살면서 다양한 거래를 하는 것이 일반적이다. 다양성을 이해하지 못하고 다양한 문화에 능숙하게 대처하지 않으면 비즈니스는 점점 어려워질 것이다.

---

3 _ 국제 협상에서 협상 상대가 자신과 다른 협상 방식, 의사 결정 방식, 대화 방식 등을 가지고 있을 때 이에 대한 다양한 문화적 차이를 일컫는 포괄적 용어로, 이를 해결하는 방식의 협상법으로 크로스 컬처 네고시에이션(Cross-Culture Negotiation)이라고 한다.

...

협상을 한다는 것은 사람을 대한다는 것이고, 사람을 대하기 위해서는 그들의 다양성을 잘 이해하고 대응할 수 있어야 한다. 늘 유사한 부류의 사람들을 대하다가 문화나 성격이 다른 사람들을 대하면 어찌해야 좋을지 몰라 당황스러운 경우가 많다. 그렇다고 무작정 세상 모든 유형의 사람들을 경험할 수는 없는 일이므로 나와 생각이 다른 다양한 유형의 사람들을 접해 보면 협상에 더 능숙해질 가능성이 있다. 여러 사람들을 접해 보면 서로 다른 관점의 차이를 해독하는 능력이 생겨나기 때문이다.

사람들의 다양한 관점의 차이를 파악하고 해독하는 것에 익숙하지 않다면 이 책을 통해서 인간의 다양한 유형을 미리 이해해 두었다가 실제로 그러한 유형의 사람들을 만난다면 그들의 관점을 파악하는 능력을 키워 보는 것이 중요하다. 얼굴에 그 사람들의 관점이 쓰여 있는 것은 아니므로 그들의 말이나 행동에서 유추해 내고 인간의 유형을 미리 파악하면 그들을 대응하는 것이 더 쉬워진다.

...

과거에는 협상 대상을 나라별 인종별로 묶어 각 그룹의 특성을 규정짓고는 그들과 어떻게 협상해야 할지에 초점을 맞추었다. 그러나 지금은 그룹의 특성보다는 개인의 특성을 파악하는 것이 협상에서 더 중요해졌다. 나라와 인종의 특성이 완전히 사라진 것은 아니지만 방송, 인터넷, 국제 프랜차이즈 등의 영향으로 인해 그 차이가 옅어진 것은 사실이다. 대신 개인의 특성이 더욱 강하게 부각되고 있어 어느 나라에서 협상을 하더라도 그 나라의 특성도 중요하지만 개인의 특성을 파악하는 것이 사실 더 중요해졌다.

상대가 무슨 생각을 하고 어떤 관점을 가지고 있으며, 의사 결정의 기준은 무엇인지 알아내는 것이야말로 상대와 협상할 때 가장 큰 도움이 되는 방법이다. 이를 영어 표현으로는 Perspective Taker라고 한다.

해외 주재원이나 해외 장기 파견 또는 해외 사업을 담당하는 사람들은 현지 사람들과 어떻게 지내고 어떻게 협상을 할지 궁금해 하는 경우가 많다. 예를 들어 인도 뉴델리로 나가는 주재원의 경우 그 주재원이 만나게 될 인도인들은 너무나 다양하다. 인도에서 만나게 될 사람들 중에는 어릴 때 미국으로 건너가 미국에서 공부를 하고 성인이 되어서 인도로 다시 돌아온 사람도 있고, 어떤 사람은 미국인으로 부모님을 따라 인도에 와서 어린 시절을 15년 가까이 보내다가 미국으로 건너가 대학을 마치고 다시 돌아온 사람도 있을 것이다. 이 두 사람의 국가적 특색이 과연 있을까? 아마도 국가적 특색을 찾기보다는 그 두 사람의 특성을 찾는 것이 더 쉬울 것이다.

2007년 무렵 LG전자 근무 시절에 전 세계 법인의 주요 지역을 방문하면서 협상에 대하여 각 지역마다 이틀간 사내 교육을 한 적이 있다. 유럽, 러시아, 중국, 북미, 남미의 주요 거점 지역에서 교육을 했기 때문에 사실 전 세계 대부분의 사람들을 만났다. 같은 회사의 직원이어서 그런지는 모르겠지만 사람들의 지역, 국가적 특색은 사실 뚜렷하지 않았다. 그러나 대부분 개성이 모두 다르고 개인적 관점도 모두 달랐다.

이 책의 '제3장 협상 상대별 인간 유형'에서는 협상 대상으로서의 인간 유형이나 특징에 대하여 서술하였다. 그 부분을 읽으면서 인간 유형에 대한 이해를 넓혀 보도록 한다.

# 더 강한 상대와
# 협상하라

> 처음에는 힘이 강하다고 생각하는 상대와 협상하는 것이 두려웠습니다. 협상이 가능할지도 몰랐죠. 그러나 강한 상대와 협상을 하면서 사실 더 많은 것을 얻어낼 수 있다는 사실을 알게 되었고, 협상 기술도 더 나아졌습니다.

자신보다 좀 더 힘이 세고, 좀 더 우위에 있는 상대와 협상을 할 때 더 많은 것을 얻는다는 것을 알지만 힘이 강한 상대와는 협상을 회피하게 된다.

협상 상대가 나보다 힘이 더 강하면 두려울 수 있다. 상대가 힘을 과시하면서 위력으로 나를 압박할 수도 있고, 대놓고 비난할 수도 있다. 만일 이런 상대와 협상을 해야 한다면 마음의 준비를 단단히 하고 철저한 협상 전략과 기술을 갖추어야 한다. 그런 의미에서 협상은 힘에서 우위에 있는 상대와 협상할 때 필요하다. 강한 상대는 내가 생각했던 것보다 더 큰 것을 가지고 있고 나에게 많은 이익을 장기적으로 가져다줄 수도 있다. 그런 의미에서 가장 많은 이익을 얻을 수 있는 협상 상대는 나보다 힘이 더 강한 상대이다.

나보다 힘이 약한 상대는 어떠한가? 나보다 힘이 약한 상대는 감히 경쟁할 수 없다고 생각하면서도 협상을 깨고 싶어 하지도 않는다. 스스로 약자이기도 하므로 가진 것이 별로 없다. 누군가와 협상을 하기 전부터 상대에게 양보할 만한 여지가 별로 없는 것이다. 힘이 약한 상대는 나에게 아주 작은 것을 줄 수 있을 뿐이다. 그들은 마지못해 그것도 아주 작은 부분을 울며 겨자 먹기로 건넨다. 하지만 언제든지 그것을 다시 빼앗으려고 하거나 나중에 서로 관계가 틀어지면 불공정 거래로 고발할지도 모른다. 아니면 나중에 당신에게 불이익을 받은 만큼 다시 되돌려 줄지도 모른다.

...

나보다 힘이 약한 상대는 언제나 만만하다. 그렇기 때문에 그 힘이 약한 상대와 협상하는 것은 나에게 자신감을 준다. 협상에서도 늘 승리를 안겨다줄 것만 같다. 그래서인지 대기업 구매팀에 있는 분들은 언제나 협상을 잘한다고 생각한다. 대부분 자신보다 힘이 약한 중소기업 납품업체와 협상을 하기 때문에 협상은 자신이 원하는 결과로 이어진다. 그러면서도 협상을 통해 원만한 결과를 얻었고 상대도 만족한다고 생각한다. 그런 분들도 글로벌 기업의 힘 있는 공급자와는 협상을 잘하지 못한다. 아니, 그들은 협상 대상이 아니라고 생각하며 흔히 협상 파워가 막강한 슈퍼 을로 치부한다. 을이지만 강력한 을로 협상 대상이 아닌 모셔야 할 존재라는 부정적인 의미로 슈퍼 을이라고 칭한다. 종종 강의 도중에 상대가 힘이 강력한 슈퍼 을인데 도대체 협상이 가능할지 질문하곤 한다.

"상대는 세계적인 기업이거나 거대 기업인데 우리 의견을 들어 준 적이 없어요."

"상대는 미국의 거대 소프트웨어 회사인데 표준 계약 외에는 받아들이지 않더군요."

"미국의 M 회사는 협상의 여지가 없는 것 같더군요. 우리는 그 회사와 협상으로 뭘 바꿔 본 적이 없습니다."

그럴 때마다 다음과 같이 대답한다.

"글로벌 슈퍼 을처럼 강력한 시장 지배력을 가진 회사들도 당연히 계약을 하거나 분쟁이 생길 때 협상을 합니다. 다만 상대에 따라 다르지요. 조금만 밀어붙이면 금방 포기하는 상대에게는 더 강력하게 밀어붙입니다. 곧바로 포기한다는 걸 아니까요. 그래서 협상의 의지를 보여 주어야 합니다. 그렇지 않으면 상대는 여러분 회사와는 협상할 필요가 없다고 생각합니다."

한국 기업들이 힘이 더 강한 위치에 있는 상대와는 협상을 할수 없다고 생각하고, 협상을 시도하다가 상대를 불편하게 해서는 안 된다고 생각하는 경향이 강하다. 그러나 이러한 생각으로 인해 잃어버리는 것이 더 많을 것이다. 그중 하나는 상대를 대하는 협상 능력이나 태도이다. 오랫동안 습관적으로 제대로 협상해 보지 못했기 때문에 임직원 모두 협상 능력을 상실한 회사들도 많다. 그런 회사에서는 신입 사원도 협상을 배우려 하지 않을 것이며 배울 기회조차 주어지지 않는 것이다. 당장 어렵더라도 더 강한 상대와 협상을 하려는 의지와 실력을 키워야 하는 이유이다.

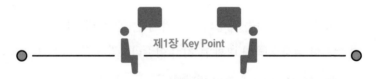

**제1장 Key Point**

- 일생에 한 번은 협상 공부를 하라. 협상으로 당신의 약한 힘을 레버리지하여 더 강한 힘을 만들어라. 지렛대로 큰 바위를 옮기듯이.
- 협상 레버리지 기술을 통하여 더 강한 협상 상대와 협상을 리드하라. 더 많은 것을 얻을 수 있을 것이다.
- 리더의 지위일수록 더 적극적으로 협상에 나서라. 조직 전체가 협상 역량이 높아진다.

제2장

# 무엇을
# 협상할 것인가

협상 레버리지를 위해
가능한 많은 안건을
협상 테이블 위에 올려 놓아라.
레버리지할 수 있는 안건이
많을수록 협상은 쉬워진다.

# 모든 것이
# 협상 안건이다

6

가격만이 협상의 안건이 되는 줄 알았죠. 협상 안건을 더
많이 올릴수록 협상이 더 쉬워진다는 것을 알았습니다.

9

협상 안건은 제한되어 있지 않다. 우리가 제한하고 있을 뿐이
다. 협상 테이블에 더 많은 안건을 올릴수록 협상은 더 쉬워
진다.

...

무엇을 협상할 것인가? 가장 많이 떠오르는 협상 안건은 아마
가격일 것이다. 그러나 협상 안건은 생각하는 것보다 훨씬 많다.
가격은 물론이고 이미 거래하고 있는 상대라면 거래 빈도와 거래

량에 대해서도 협상할 수 있을 것이다. 비금전적인 부분 중에 나의 지위, 상대의 지위 혹은 명예도 협상 안건이 된다. 이러한 수많은 협상 안건들을 조합하거나 중요도를 달리하면서 상대와 변화무쌍하게 협상을 할 수 있다. 상대와 얼마나 더 나은 협상을 하는가는 안건들을 얼마나 잘 조합하여 상대와 합의에 이르게 하는가에 있다.

협상 테이블에 가격이라는 하나의 안건만 올리는 것보다 다수의 안건을 올리는 것이 더욱 낫다. 만일 하나의 안건으로만 협상을 시작하게 되더라도 상대의 의도나 관심거리를 만족시켜 주는 안건을 더 많이 찾아내는 것이 중요하다. 그러면 상대와는 가격에 대해서 협상을 하더라도 다른 관심사를 만족시켜 주는 안건에 대해서도 협상을 하게 된다. 상대와 서로 주고받을 협상 안건이 많아질수록 만족스러운 협상이 가능해진다.

그런 점을 활용해 상대에게 가치는 없지만 나에게 가치 있는 것을 요구할 수도 있다. 이처럼 서로가 가진 가치 있는 안건들이 협상 테이블에 올라올수록 협상 트레이드 오프Trade Off[4]는 풍부해진다.

...

참고로 협상 안건을 다음과 같이 분류해 보았는데, 협상을 준

---

4 _ 서로가 생각하는 가치의 우선순위에 따라 서로 맞교환하는 협상 기법이다. '제4장 어떻게 협상할 것인가_협상 기술들'에서 좀 더 자세히 설명한다.

비할 때 더 많은 안건을 찾기 위해 참고하면 좋을 것이다.

- 경제적 가치의 안건: 가격, 거래 빈도수, 1회 거래 시 수량, 보증 기간, 손해 발생 시의 배상 방법과 범위, 대금 지급 방법 등
- 여타 가치의 안건: 합의에 대한 수정 협상의 가능성과 빈도수, 상호간의 관계 유지, 상호 간 특별대우, 자율권, 업무 범위, 분쟁 해결 방법, 지적 재산권, 기술 지원, 조건부 합의(여타 가치 안건으로 분류하지만 결과적으로 경제적 가치가 될 수 있다는 점에 유의한다)

협상 안건은 매우 다양하지만 실제 협상 테이블에 올라가는 안건은 1~2개 정도일 수 있다. 협상 당사자들이 모르는 이면의 안건들이 많이 있는 것이다. 드러난 안건 이외, 이면의 안건 혹은 숨겨진 안건을 찾아내거나 서로 간의 숨겨진 가치들을 찾아내어 이를 통해 더 풍부한 가치를 만들어 내는 것은 당신의 협상 파워를 더 강하게 하는 협상 레버리지가 되는 것이다.

# 가격 그 외
# 협상 안건

6 ─────────────────────────

처음에는 가격 외에 협상할 거리가 뭐 그렇게 있을까 생각
했습니다. 그런데 가격 외에도 가치 있는 것들이 너무 많
더군요. 이제 더 많은 협상 안건을 발굴하고 있습니다.

───────────────────────── 9

내게 가장 중요한 것은 돈일 수 있지만, 그것 못지않게 중요
한 것들이 많다. 그런 것들도 협상 테이블에 올려놓으면 상대
로부터 얻어낼 것들이 많을 것이다. 이면의 협상 안건들을 밝
혀내면 더 나은 협상이 가능해진다.

...

협상 안건으로 가장 먼저 떠오르는 것은 금전적인 숫자일지

모른다. 개인과 조직에 가장 큰 영향을 주는 것이 돈이라고 생각하기 때문일 것이다. 가격이라는 안건을 협상할 때는 숨어 있는 숫자도 함께 밝혀내야 더 유리한 입장에서 협상할 수 있다. 예를 들어 제품 가격에 대해 협상할 때 숨어 있는 숫자라면 보증 기간을 들 수 있다. 보증 기간이 예상보다 짧으면 이는 나중에 비용이 되어 나에게 돌아올 것이다. 제품에 포함된 무료 서비스들도 숨어 있는 숫자이다. 예를 들어 제품 가격이 다소 비싸더라도 무료로 이용할 수 있는 서비스가 많으면 이는 나에게 이익이 된다. 비싸 보이는 호텔이 인기가 있는 것도 호텔에 머물면서 이용할 수 있는 무료 서비스가 많기 때문이다.

만일 상대보다 내가 시장에서의 가치 즉 가격에 대한 정보를 더 많이 가지고 있다면 상대에게 좀 더 적극적으로 제안할 수 있을 것이다. 상대는 그 가치를 제대로 평가하지 못하기 때문이다. 이 가격에는 금전적인 것도 있겠지만 금전으로 바로 표시하기 힘든 가치 있는 대가들도 꽤 있다.

상대와 협상을 하면서 만일 금전적인 부분에서 더 이상 협상이 어렵다면 비금전적 가치 부분에서 협상을 시도하는 것은 나의 가치를 늘려 가는 방법이다. 예를 들어 가격에만 너무 집착하지 않고 그 외 조건들에 대하여도 협상을 하는 것이다. 이직 시에 연봉에 대하여만 협상하기보다는 직급이나 근무 조건, 하는 일 등에 대한 협상을 하는 것도 이에 포함된다.

···

다음은 가격 협상을 하고 있었지만 실제로는 가격이 아닌 다른 가치를 전달해서 해결한 경우이다.

"우리는 가격이 가장 중요해서 가격 인하 여지가 별로 없는데 상대는 계속 가격 인하를 요구하더군요. 이럴 때 참 난감한데 어떻게 하면 좋은가요?"

어느 기업의 상무가 강의 중 물어 온 질문에 이렇게 말했다.

"상대가 왜 가격 인하를 요구하는지 한번 물어 보면 어떨까요?"

상무는 강의 후 돌아가서 상대에게 가격 인하 요구에 대해 물어 보고 상대는 계약이 만료된 후에 설비에 문제가 생기면 조치를 해야 하는데 지금의 보증 기간이 짧다고 생각되어 불안해한다는 것을 알게 되었다. 그래서 가격 인하를 통해 필요한 예산과 조치를 확보해 두려고 한다는 것을 알게 된 것이다. 그래서 상무는 보증 기간 1년에서 1년을 더 늘려 2년으로 보증 기간의 연장을 제안함으로써 오히려 추가적인 계약 여지를 얻어냈다. 가격 인하 없이 말이다.

상무는 그후 "상대와 가격만 가지고 옥신각신했는데 숨어 있는 협상 안건을 찾아내어서 더 큰 성과를 얻어냈네요."라며 협상에 만족해하였다.

상대는 가격 인하를 요구했지만 나에게는 다른 가치가 중요했던 것이다. 이처럼 가격에 대한 협상이 비금전적인 부분으로 옮겨가면서 서로의 만족도가 더 높아지는 협상 결과로 이어진 것이다.

# 거래 빈도

6 ─────────────

상대와 관행대로 소규모로 여러 번 거래를 해 왔습니다.
그런데 상대는 사실 더 큰 규모로 한두 번 거래하는 것을
선호하고 있었더군요. 이것은 내가 원하는 것이기도 했습
니다. 이번 거래로 공급 단가를 낮추고 상대도 더 나은 이
익을 거두어 갔습니다.

───────────── 9

관행에 젖어 거래를 하다 보면 내가 하는 사업에서의 거래 빈
도가 가장 통상적이라고 생각하게 된다. 그러나 상대는 그렇
게 생각하지 않을 수 있다.

...

일회성 거래가 아닌 장기간 거래를 하는 협상 상대와는 거래 빈도에 대하여도 협상을 할 수 있다. 거래 빈도가 잦은 것이 좋은지, 일 년에 한두 차례 크게 거래하는 것이 좋은지는 사람마다 상황에 따라 다를 수 있다.

매월 거래해야 하는 공급자가 더 높은 가격으로 공급을 원할 경우, 구매자는 어차피 지속적으로 거래해야 하는 공급자라면 일 년에 한 번 계약하는 조건으로 거래하는 것이 더 나을 수 있다. 그래야 공급자 입장에서 거래가 안정되므로 더 나은 공급가액을 제시해 줄 수 있다.

만일 더 장기적인 거래를 약속하고 이를 문서화한다면 상대는 훨씬 더 나은 공급가액을 제시할 수 있으며 비금전적인 서비스도 더 많이 포함시켜 줄 수 있을 것이다.

최근 인터넷 쇼핑 분야에서 많이 이루어지고 있는 서브스크립션subscription 거래 방식은 소비자에게 일종의 오퍼offer를 하는 것이다. 매번 주문해서 상품이나 콘텐츠를 받는 대신 일 년이라는 기간 동안 주문한 제품을 정기적으로 공급받는 것이다.

기업 간 B2BBusiness to Business 거래에서 공급자는 거래 횟수에 따라 상품의 할인율을 다르게 적용하여 제시할 수도 있다. 이렇게 개별적인 할인율을 제시하여 장기적인 거래를 이루면 한두 차례의 거래로 안정적인 주문량을 확보할 수 있다.

거래 빈도 자체가 협상의 주요한 안건이 될 수도 있지만 다른 더 중요한 협상 안건을 보조하는 수단으로서 거래 빈도를 협상할 수도 있을 것이다. 예를 들어 가격이 가장 중요한 협상 안건이 되는 경우 구매자는 일 년에 4~5차례 계약하던 것을 1~2차례로 줄이고 더 낮은 가격을 요구할 수도 있을 것이다. 마찬가지로 공급자는 상대에게 더 매력적인 가격을 제시하는 대신 거래 빈도를 줄일 것을 요구하는 것을 협상 레버리지로 이용할 수 있을 것이다.

# 거래 수량

더 많은 수량을 거래한다면 구매자에게 더 나은 가격을 제시할 수도 있습니다. 상대는 거래 단위를 너무 적게 해서 오히려 손해를 보는 것은 아닌지 모르겠습니다.

상대는 거래 수량에 대해 매우 큰 가치를 부여하고 있을 수 있다. 상대가 만일 그렇게 생각하고 있다면 내가 원하는 것을 요구할 때 도움이 될 것이다.

...

거래 수량은 협상 안건으로서 매우 중요하다. 구매자에게는 거래 수량이 가장 민감한 협상 안건이 될 수 있다. 소량으로 구매하면 재고가 쌓이는 리스크는 낮아지는 반면 거래 단가는 올라간다. 혹은 구매와 함께 서비스가 제공되지 않을 수도 있다. 하지만 소량 구매의 이점이 적지 않아서 결정하기가 쉽지 않다.

공급자 입장에서는 소량 공급을 하면 단가를 높일 수도 있어 전체적인 매출 액수는 올라갈 수 있다. 하지만 소량 공급을 자주 하는 것은 구매자나 공급자 모두에게 안정성 면에서는 불리하다. 공급자는 좀 더 많은 수량을 공급하여 공급가를 낮추거나 더 나은 서비스를 무상으로 제공하는 것으로 협상해 볼 수도 있을 것이다. 구매자는 미래의 가격 상승이라는 위험 부담이 있고, 공급자는 주문량의 변동이라는 위험 부담이 생기기 때문에 그렇다.

...

최근에는 소프트웨어의 수량에 따라 다른 할인율을 제시하는 IT 회사가 늘고 있다. 한 번에 몇 개의 라이센스를 거래하느냐에 따라 다른 할인율을 제공하는 것이다. 예를 들어 유저가 2000명이면 15%를, 1만 명이라면 25%를 할인해 주는 식이다. 반대로 이를 구매하는 회사는 앞으로 규모가 성장할 것이므로 곧 유저가 3000명 늘어날 것이라며 1만 명에 대해 27% 할인율을 요구하는 협상을 시도할 수도 있다.

이처럼 거래 대상이 되는 수량은 협상에서 가격이나 지급 조건 등 다른 협상 안건들과 연동하여 하나의 협상 안건이 될 수 있다. 예를 들어 공급사는 더 낮은 가격 대신 공급 수량을 늘려 주는 대가로 대금 지급을 지금보다 빨리 해 줄 것을 요구할 수 있다.

이처럼 거래 수량은 가격이나 여타 대금 지급 조건 및 계약 조건들과 연동하여 협상할 수 있는 수단이 된다. 설사 거래 수량이 협상 안건이 되지 않았다고 할지라도 협상 테이블에 거래 수량도 한번 올려 보라. 상대 반응을 살펴보면서 레버리지가 가능할지 알아차릴 수 있을 것이다.

# 재협상 기회

**6** ─────────────

단번에 향후 3년 동안의 거래 조건을 결정하는 것은 너무 어려운 일입니다. 마침 상대가 6개월 단위로 협상을 하면서 진행하자고 제안했습니다. 결정이 보다 쉬워졌습니다.

───────────── **9**

협상하는 기회를 많이 만드는 것을 어려워하는 협상가들이 많다. 그럴 때 당연한 권리이더라도 상대에게 양보해 주는 것처럼 하면 상대는 좋아할 수 있다.

...

상대와 장기적으로 거래를 하다 보면 한 번의 협상으로 모든 것을 결정하기 어려운 경우가 생긴다. 혹은 한번 결정된 조건이라

할지라도 시간이 지나고 상황이 바뀌면서 다시 협상해야만 하는 경우가 생길 수 있다. 이런 경우에 상대와 협상할 수 있는 기회를 다시 만들거나 혹은 그 횟수를 조절한다면 이 또한 협상 안건이 된다.

예를 들어 어떤 구매자와 공급자 간의 거래를 위한 협상에서 공급 가격, 보증 조건 등 모든 것을 한번에 결정하기 어려울 경우 상대와 일정 기간 동안의 거래 조건에 대하여 합의하고, 일정 기간이 지나면 다시 협상하기로 한다면 서로 부담이 덜어질 것이다. 상대가 만일 내가 제시하는 조건을 완전히 부정하는 것은 아니지만 그렇다고 해서 지금 당장 결정하지도 못할 경우 상대에게 일정 기간까지만 유효한 합의를 하자고 제안한다면 상대는 좀 더 쉽게 받아들일 수 있을 것이다. 나아가 향후에도 상황에 따라 기간을 정하고 협상을 통해 새로운 조건들을 정하자고 제안한다면 상대에 따라 다르겠지만 결정을 주저하는 상대로는 좀 더 쉽게 제안을 받아들일 수 있을 것이다.

...

건설이 주력 분야인 한 회사의 이사가 강의 중 협상의 어려움을 토로한 적이 있다.

"해외 프로젝트는 기간이 보통 2년에서 3년인데 중간에 수정 계약 혹은 체인지 오더Change Order가 생기는 경우가 가장 어렵습니다."

건설사 입장에서는 한번 계약 후에 변동 없이 프로젝트가 진행되기를 바랐는데 변동이 잦다 보니 공사비와 인력 관리에 어려움이 있었던 것이다.

"발주사 입장에서 한번 생각해 보십시오. 한번 정해진 프로젝트를 전혀 수정할 수 없다면 리스크가 엄청날 것입니다. 그렇다면 2년에서 3년에 걸친 장기 프로젝트는 수정을 기피하는 그런 업체와 계약하기가 어려울 것입니다. 그러니 발주사 입장에서도 손해가 나지 않도록 중간에 변동 사항에 대한 협상 프로세스를 명확히 해 두는 것이 좋습니다. 계획이 바뀌는 부분을 어떻게 처리할지 계약에 반영하도록 하는 것이지요."

이렇게 재협상의 기회와 횟수 등을 정하고 협상 결과에 따라 금액과 프로젝트 기간이 변동한다는 조건을 협상 과정에서 분명히 하면 건설사 입장에서도 손해가 날 가능성은 낮아지고 오히려 경쟁력으로 작용할 수 있다.

계약 초기의 협상이든 계약 후의 재협상이나 변경 부분에 대한 협상이든 협상하기를 주저하거나 협상 기술이 없으면 모든 협상 상황은 두려워진다.

계약 이후의 변화 또한 더 나은 것을 얻을 수 있는 기회가 되어 협상의 레버리지가 된다는 점을 잊지 말아야 한다. 협상을 통하여 모든 변화를 당신 편으로 만들도록 레버리지해 보라.

# 자율권

**6**

중역으로 회사를 옮기고 나서야 연봉 말고도 중요한 것이 많다는 것을 알게 되었죠. 사실 연봉보다는 내가 가질 수 있는 자율권이 업무 성과를 내는 데 훨씬 중요했습니다. 만일 좀 더 자율권에 대하여 연봉 수준과 연동하면서 협상했더라면 지금 훨씬 좋은 성과를 기분 좋게 낼 수 있었을 겁니다.

**9**

자율권은 상대와 나의 감정을 더 좋게 할 수 있다. 더 긍정적으로 더 적극적으로 참여할 수 있게 한다. 자율권으로 더 나은 협상을 만들어 볼 수 있다.

...

모든 사업상 거래는 상호 간 의무와 책임으로 명확하게 규정되어 있다. 회사 조직 내에서도 각자 역할은 맡은 바 직책에 따라 명확하다. 그러나 모든 거래에서 각자의 의무와 책임이 너무 명확하면 서로 간 자율적인 행동의 여지가 줄어든다. 서로가 가진 역할에 대하여 너무 좁게 해석하거나 예외적인 경우에 대하여 전혀 자율적인 판단이 없어지는 것은 서로에게 좋지 않을 수 있다. 그렇다고 해서 상대방에게 너무 많은 자율권을 주는 것은 의무와 책임의 명확성을 떨어뜨린다.

이러한 자율적인 의사 결정과 행동이 협상 안건으로서 의미가 있는 경우가 많다. 예를 들어 어떤 회사에 중역으로 이직하려 하는 사람에게는 연봉도 중요하지만 자신이 업무를 수행하는 데 얼마나 자율권이 주어지는지도 중요하다. 중역을 고용하는 회사 입장에서는 연봉을 주는 만큼의 효과를 보겠다고 하여 그 사람의 업무 범위를 너무 명확히 하여 중역으로서 자율적인 전략 실행이나 의사 결정을 하지 못하게 하면 회사로서도 손해이다.

자율권이 있음으로써 행동 실천과 의사 결정이 좀 더 자유로워지고 더 나은 성과를 낼 수 있는 기회가 생기기 때문이다. 그러므로 회사와 협상을 할 때 연봉 이외에도 자신이 원하는 사람을 얼마나 뽑을 수 있고, 프로젝트를 위한 예산은 어느 정도인지, 출장 경비는 어느 정도까지 사용할 수 있는지 모두 협상 안건이 된다.

기업 간 계약에서도 상대에게 일방적으로 계약 조건을 제시하고 이에 대하여 수용하거나 혹은 수정안을 내보라고 하는 것보다는 상대에게 다양한 계약 방법을 선택할 수 있는 자율권을 주고 선택하게 하면 서로 간의 계약 협상이 더욱 원만해질 수 있다. 예를 들어 완성 일자가 명확해야 하는 도급 계약에서 계약자에게 서로 합의한 날짜까지 완성하지 못할 경우에 하루에 계약 금액의 0.25%를 지체 배상금으로 지불하게 하고 계약 금액의 10%를 지체 배상금의 총 한도로 하거나 혹은 하루에 계약 금액의 0.1%를 지체 배상금으로 지불하게 하고 계약 금액의 15%를 지체 배상금의 총 한도로 하는 선택권을 주는 것이다.

계약을 하는 상대는 두 조건 중 자신에게 더 유리해 보이는 조건을 선택할 것이고, 상대가 일방적으로 제시한 조건을 수용하는 것보다는 자율권과 더욱 강한 책임감을 가지고 계약을 수행할 수 있다.

상대에게 자율권을 부여하는 것만으로도 협상에서 레버리지가 가능해지는 것이다. 상대로부터 추후 어떤 식으로든 양보를 얻어 내거나 혹은 자신도 자율권을 보장받을 수 있는 포석을 두는 것이다. 협상이 교착 상태에 빠질 때 상대의 자율적 판단은 문제 해결의 협상 레버리지가 된다.

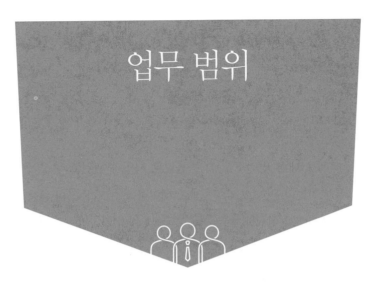

# 업무 범위

고객에게 업무 범위를 수정할 수 있는 권한을 준 적이 있어요. 상대가 적당한 수준에서 수정할 줄 알았습니다. 그런데 그것이 우리 회사의 적자를 더 크게 하는 계약이 되고 말았습니다.

업무 범위에는 숨어 있는 재무적 숫자들이 있다. 업무 범위에 대하여 함부로 협상을 하거나 혹은 협상 자체를 하지 않으면 그 대가를 치르게 된다.

...

장기간의 복잡한 서비스 계약과 관련한 협상에서 업무 범위는 상호간에 첨예하게 대립하는 부분 중 하나이다. 업무 범위를 어떻게 설정하는가는 장기간 비용 면에서 큰 영향을 미친다. 또한 업무 범위의 변경도 서로 어느 정도의 범위에서 할 수 있는가도 서비스를 제공하는 쪽이든 혹은 제공받는 쪽이든 금전적으로 큰 영향을 미치는 민감한 사항이다.

실제로 대형 발전소를 짓는 플랜트 사업과 관련한 협상에서 업무 범위는 비용과 바로 연결되는 예민한 부분이다. 국내 건설사들이 해외에서 어렵게 수주를 했음에도 불구하고, 최종 단계에서 큰 손실을 보는 이유 중 하나로 업무 범위에 대한 상호 간의 명시가 불명확하거나 불리하게 된 경우가 다수 있다.

예를 들어 상대 발주사의 설계 변경 요구가 건설사의 업무 범위에 들어가는 경우이다. 설계 변경의 경우 대부분 시간과 비용이 증가하는 경우가 발생할 수 있다. 그러나 이 경우 업무 범위에 상대의 설계 변경 요구에 대한 수행이 업무 범위에 당연히 들어가 있기 때문에 추가적인 비용 청구를 하지 못하고 건설사는 막대한 손해를 감당하게 된다. 금전적인 부분 외에도 상대와 협상 시 업무 범위에 대하여 정교하고 신중하게 협상해야 할 이유이다. 이러한 업무 범위 부분에서 막대한 손해가 났음에도 협상을 잘하지 못하는 이유 중 하나는 상대의 강력한 요구 때문일 수 있고 혹은 업무 범위가 중요한 협상 안건이라고 생각하지 않아서일 수도 있다. 혹은 업무 범위를 검토하고 협상하는 당사자가 기술적인 부분만으로 보고 그로 인해 발생하는 금전적인 부분은 간과해서 발생

할 수도 있다.

...

다음은 업무 범위에 대해 충분히 합의하지 못해 생긴 경우이다.

IT 회사 김 부장은 경륜이나 기술면에서 뛰어난 역량을 가지고 있다. 어느 날 금융권의 한 은행과 15억 원 정도에 시스템 통합 SI, System Integration 계약을 체결하는 데 본인이 직접 작업 명세서 SOW, Statement Of Work 를 쓰게 되었다. 김 부장은 프로젝트를 머릿속에 그리고 있었지만 글로 표현하는 일에는 서툴렀다. 상대와 프로젝트 범위에 대해서 논의하면서 서로 구두로 합의한 대로 프로젝트 업무 범위를 작성했다. 하지만 상대가 프로젝트 진행을 위해서 이행해야 하는 부분은 당연히 알아서 해 줄 것으로 생각하고 계약서에 명기하지 않았다. 하지만 상대는 이 부분을 김 부장 회사 측에서 해야 하는 업무로 생각한 것이다. 계약이 체결되었고 시간이 지나면서 서로 생각이 다르다는 것을 알게 되었다. 이 계약은 결국 분쟁으로 가게 되었다. 업무 범위를 소홀히 생각하고 서로의 생각을 충분히 협상하지 못해 생긴 결과이다. 만일 김 부장이 추가가 예상되는 업무마다 비용을 산정하여 계약 금액을 정했다면 더 나은 사업 기회로 이어지고 분쟁도 방지할 수 있었을 것이다.

# 상호 간의 관계

6

나는 상대와의 거래를 매우 장기적으로 생각하고 있었습니다. 그런데 상대는 우리와의 거래가 언제 끊어질지 모른다고 생각했더군요. 어차피 오래 거래할 거면 계약서에도 명시하기로 했습니다. 우리에겐 거래 관계를 오랜 기간 못 박아 두는 것이 리스크가 될지도 모르지만 상대는 더 안정적이라고 생각했는지 더 나은 조건을 제시하더군요.

9

협상가들 중 약 70%는 상호 간의 관계를 매우 중요하게 생각한다. 관계가 깨어질 수도 있다고 생각하면 좋은 협상이 이루어지기 어렵다. 상대와 관계를 어떻게 이어갈지도 협상 안건이 될 것이다.

...

상대와의 관계도 하나의 협상 안건이 될 수 있다. 거래를 지속
하거나 더 큰 사업을 위해서는 어떤 상대이든 신뢰할 수 있는 관
계를 이어 가야 한다. 만일 관계에 대한 신뢰가 위태롭거나 깨질
것이 분명하다면 상대와 좋은 조건으로 협상한다는 것은 매우 어
려운 일이다.

상대와 위태로운 관계를 유지한다면 상대가 불안감을 느껴 더
좋을 조건을 제시할 것이라고 믿는 것은 어리석은 생각이다. 상대
는 불안한 관계를 대신할 새로운 관계를 찾아 나설 것이기 때문
이다. 상대에게 언제나 가장 좋은 조건으로 거래할 것이라는 점을
분명히 해 두면 상대는 협상 상대로서 신뢰할 수 있을 것이다. 다
음은 그렇게 하지 못해 발행한 사례이다.

...

상대를 압박하는 방안으로 늘 거래 관계를 끊겠다는 점을 넌
지시 알리는 구매 담당자가 있다. 상대를 늘 초조하게 만들면 상
대는 공급을 이어 나가기 위해 최선의 조건을 유지할 것이라고
생각하기 때문이다. 그런데 어느 날 좋은 품질과 가격으로 공급을
하던 협력업체가 점점 공급 물량을 줄이기 시작하더니 더 이상
제안을 하지 않았다. 구매 담당자는 다급한 나머지 사실을 알아보
니 이 업체는 더 나은 조건으로 구매하고 장기적인 공급 계약을
체결해 준 일본의 어느 업체와 거래를 시작하였다. 구매 담당자는
다급한 나머지 이 업체와 연락을 하고 새로운 공급자를 물색하였

지만 쉽지 않았다.

만일 장기적인 공급 관계를 원하는 담당자라면 관계와 더 나은 조건을 연계하여 협상해 보는 것이다. 상대에게 가장 좋은 조건으로 거래한다는 것은 사실 위험한 일이기도 하지만 관계 그 자체가 중요한 거래가 될 수 있다. 만일 상대가 놓칠 수 없는 거래 상대라면 일반적인 조건보다는 상대에게 그 어떤 거래 업체보다도 더 나은 관계와 관련된 조건을 제시하는 것은 상대와 협상하는 좋은 방법이다. 예를 들어 상대가 원하는 바에 따라 계약 기간을 더 길게 하는 것도 좋고, 그 반대로 상대에 따라 계약 기간을 더 짧게 하는 것을 조건으로 제시하는 것도 좋은 방법일 수 있다.

...

국제 거래 관계에서도 상대와 좋은 관계를 유지하는 것 자체가 협상을 좋은 방향으로 이끌 수 있는 협상 레버리지가 된다. 상대에게 지속적으로 우호적이거나 협력적인 메시지와 상대방에게 최대한 협력적인 조치를 하는 것은 향후 다른 거래에서 매우 유용한 상황을 만들어갈 수 있다.

이러한 방식의 상호 관계 이외에도 상대의 평판을 더 좋게 해주는 것도 협상 안건이 될 수 있다. 좋은 평판을 얻는다는 것은 매우 어려운 일이다. 그런데 거래를 하게 된 상대가 나에 대해 좋은 평가를 하면 향후 내가 하게 될 활동에서 신뢰감을 실어 줄 수 있다. 그런 점을 계약 조건에 명시하는 방법을 찾기 어렵겠지만 좋은 평판으로 이어질 수 있는 어떤 형태의 약속이나 조건을 만들어 갈 수는 있을 것이다. 예를 들어 이미 유명하고 신뢰감이 높은 A 회사와 B라는 신생 회사가 앞으로 함께 사업을 하기로 했다면 이러한 사실은 제3자로 하여금 B 회사가 그만한 자질이 있는 회사라는 생각이 들게 한다. B 회사 입장에서는 상대 A 회사로부터 얻을 수 있는 평판의 이익이 하나의 협상 안건이 되는 것이다. A 회사는 더 나아가 B 회사에 대하여 추후 협력업체라는 공식적인 타이틀을 붙여 준다면 B 회사는 A 회사와 더 나은 관계를 이어 갈 수 있기 때문에 더 좋은 조건을 제시할 수 있다. 더 나은 관계 자체가 협상 파워가 되고 서로간에 협상 레버리지로 활용할 수 있다.

# 기타 안건의 가치

**6** ────────────────────

사실 금전적인 것이 가장 중요하다고 생각합니다. 그러나
상대가 나를 협력 파트너로 생각하면서 다른 회사들과의
거래가 많아졌습니다.

──────────────────── **9**

금전적인 것만이 가장 중요한 것은 아니다. 때로는 명예와
같은 비금전적인 가치가 상대에게 훨씬 중요할 수 있다.

...

협상 안건에 금전적이거나 혹은 비금전적 가치가 반드시 있어
야 하는 것은 아니다. 때로는 직위나 직무 혹은 협력사, 최우수 공
급사와 같은 명칭 부여가 큰 의미를 가질 수도 있다.

다음은 금전적인 가치 외에 명예와 같은 기타 안건으로 분류된 가치와 협상하는 데 성공한 사례이다.

...

한 중년 배우가 연극단 단장과 연봉 협상을 했다. 연극단은 재정이 어려워 배우에게 많은 연봉을 줄 수 없는 상황이었다. 중년 배우는 인기가 한풀 꺾여 연봉을 많이 받지 못한다는 것을 어느 정도 생각하고 있었지만 너무 낮은 연봉으로는 생활이 어려웠다. 마침 이 연극단에서는 신인 배우를 지도할 만한 사람을 찾고 있었는데, 단장은 중년 배우가 그 역할을 해 주었으면 좋겠다고 생각했다. 그리고 극단 활동의 중요한 역할을 맡기고 수익도 배분할 생각도 있었다.

만약 중년 배우가 연봉에 집착한다면 이 연극단과는 인연이 완전히 끊어질 수도 있을 것이다. 그러나 중년 배우가 신인 배우를 총괄적으로 지도하는 책임자라는 직위를 얻고 그에 걸맞은 대우를 받는다면 연봉에 집착하지 않고 보다 유연한 협상 결과를 만들어낼 수도 있다.

...

우리는 종종 회사를 대표하는 인사팀이나 관리자와 연봉 협상을 하게 된다. 예를 들어 좋은 스펙을 가진 차장 직급의 경력자가 회사와 계약을 놓고 협상할 때 연봉에 초점을 맞추기보다는 자신이 조직에서 좀 더 나은 역할을 맡기 위해 직급에 관해 협상해 볼 수 있다. 회사 입장에서는 비용이 더 많이 발생되는 연봉으로 서로 부담을 가지기보다는 현재의 차장 직급을 부장으로 올려 주면서 차장 때보다 업무량은 동일하지만 난이도가 높은 역할을 기대해 볼 수 있다.

연봉을 협상하는 차장 입장에서는 부장으로 진급하면서 연봉에 집착하다가 아무것도 얻지 못하는 것보다는 만족감을 가지게 될 수 있다. 물론 회사에서는 금전적인 가치에 집착하지 않고 유연하게 대처한 차장에게 고마워할 것이다. 물론 더 높은 난이도의 일을 한 차장은 추후의 연봉 협상에서 더 유리해지고 자신의 경력도 한층 더 나아질 수 있다.

금전적으로 이익이 없다고 하더라도 비금전적 기타 안건의 가치에서 더 큰 이익을 볼 수도 있다는 점은 협상에서 매우 중요하다. 기타 안건에 대한 협상이 상대에게 덜 부담을 주면서도 더 나은 만족감을 얻을 수 있다. 중요하게 생각되던 금전적 이익은 추후의 협상에서 또 기대해 볼 수 있는 것이다.

# 협상 안건은
# 많을수록 유리하다

**6**

상대와 처음에는 가격만 가지고 협상을 시작하였는데 기간, 물량, 보증 조건, 추가 무상 서비스 조건 등을 늘려서 협상을 했더니 상대와 더 만족스런 결과에 도달했습니다.

**9**

비즈니스 계약서에는 수많은 중요한 조건들이 있다. 이 모든 조건이 내 마음에 들 수 없고 상대도 마찬가지이다. 그러나 서로가 생각하는 중요도는 다르므로 협상의 여지는 생기는 것이다.

...

대부분 사람들은 협상은 안건이 단순할수록 협상은 더 쉬울 것이라고 생각한다. 한두 가지 협상에 집중하면 금방 협상이 끝날 것 같다고 생각하는 것이다. 그러나 실제 협상에서는 협상 안건이 협상 테이블 위에 많이 올라가 있을수록 협상은 더 쉽고 만족스럽게 진행된다. 이유는 협상 안건이 많을수록 서로가 가진 다양한 관점과 중요하게 생각하는 부분들이 드러나게 된다. 만일 협상 안건이 가격만 있다고 한다면 서로 간의 협상은 가격을 올리거나 내리는 단순한 대화만 지속하게 될 것이고 그 누구도 만족스러운 합의에 이르지 못할 수 있다. 어쩌면 협상이 결렬될 수도 있다. 그러나 그 가격 이외에 보증 조건, 계약 기간, 지급 조건 등등의 다양한 협상 가능한 조건을 올려 두고 협상을 진행하다 보면 서로가 더 중요하게 생각하는 부분이 드러나 가격 이외의 부분들에 대하여도 서로가 더 나은 조건으로 합상할 수 있다. 단순히 가격에 대하여 얻는 이익, 손실보다 더 큰 이익을 가져가는 것이다.

...

당신이 어느 회사와 협상을 벌이고 있는데, 만일 상대가 당신에게 손해 배상 한도를 50% 더 늘려 달라고 하면 어떻게 할 것인가? 당신에게는 손해 배상 조건의 한도가 매우 중요하며, 손해 배상 한도가 유일한 협상 안건인 한 상대와의 협상은 더 이상 가능할 것 같지 않은 경우 상대와 옥신각신하는 대신 상대에게 손해 배상 한도를 늘려 달라고 하는 이유를 한번 물어 보는 것이 좋다. 그렇다면 다른 조건을 활용하여 상대를 만족시켜 줄 수도 있을 것이다. 예를 들어 상대가 보증 기간 경과 후에 생기는 문제 때문에 그런 요구를 했다면 당신은 상대적으로 덜 중요했던 보증 기간 연장이라는 카드를 보여 줄 수도 있을 것이다. 보증 기간 연장이라는 것을 협상 테이블에 추가적인 안건으로 올림으로써 협상은 합의의 실마리를 찾을 수 있다.

만일 지금 하고 있는 협상이 난항을 겪거나 도저히 서로 양보할 수 없는 부분에 대하여 협상을 벌이고 있다면 상대에게 다른 협상 안건들을 꺼내 보라. 서로가 중요하게 생각할 수 있는 다른 안건들을 창의적으로 만들어낼수록 협상에서 만들어내는 가치는 더 커진다.

지금 당신의 협상 테이블에 오직 하나의 안건만 있는가? 그렇다면 협상 안건들을 찾거나 만들어서 올려 보라. 협상은 훨씬 더 유리하게 전개될 것이다. 서로 교착 상태의 안건들을 오히려 해결해 줄 것이다.

제2장 Key Point

- 모든 것이 협상 안건이 된다는 점을 잊지 마라.
- 나에게 가치가 낮은 것도 상대에게는 가치가 높을 수 있다는 점을 레버리지하라.
- 숫자로 표현되지 않는 것도 훌륭한 협상 안건이되어 많은 문제를 해결해 줄 수 있다.

제3장

# 협상 상대별 인간 유형

협상 상대의
인간 유형을 미리 알면
그것만으로 협상은 훨씬 쉬워진다.
내가 만나야 할
협상 상대를 알기 위해
20가지 인간 유형을
미리 파악해 두자.

# 협상의 가장 기본,
# 인간의 이해

6

협상 준비를 할 때 상대의 인간적 고뇌나 특성을 연구하는
데 많은 시간을 보내지는 않았습니다. 그런데 협상이 잘
풀린 경우를 보면 상대에 대한 인간적 이해가 바탕이 되었
을 때이더라구요.

9

우리가 협상하는 상대가 인간인 점을 다시 생각해 볼 필요가
있다. 그것도 오류투성이의 인간. 사실 인간이 오류투성이이
기 때문에 협상의 기회가 생긴다.

협상의 가장 기본적인 체계는 인간에 대한 이해를 바탕으로

한다. 협상 상대가 인간인 점은 협상을 어떻게 해야 하는가에 대한 단서를 가장 많이 제공한다. 그렇다면 우리는 인간에 대하여 얼마나 많이 알고 있는가? 인간의 특징은 무엇이며, 이로 인해 우리는 어떤 협상법을 만들어 낼 수 있는 것인가? 어떻게 협상할 것인가에 대한 방법은 인간의 유형에 대한 이해를 어떻게 할 것인가와 관련이 있다.

인간의 유형별로 협상의 대응 방법, 즉 어떻게 협상할 것인가에 대한 대답은 너무 다르기 때문이다. 이 책에서는 협상을 하면서 흔히 만날 수 있는 인간의 유형을 대부분 열거하였다. 뒤이어 설명하는 협상 기술들과 연관 지으면 더 쉽게 어떤 기술과 방법을 사용하는 것이 좋을지 이해하게 될 것이다.

이 책의 모든 인간 유형을 다 알기 어렵다면 자신과 자주 마주치는 인간 유형을 먼저 선택하고 그에 맞는 협상 기술들을 익혀도 충분히 이 책의 활용 가치가 있을 것이다.

# 한 가지에만
# 집중하는 유형

저도 알게 모르게 제가 듣고 싶은 것 그리고 보고 싶은 것만 보게 되더라구요. 왜 그런지 모르겠지만 막상 협상할 때는 다른 이야기가 들리지 않아요.

인간은 한 가지 중요한 문제에 집중할 때는 다른 부분은 보이지도 들리지도 않는다. 협상하는 순간에도 그렇다. 협상을 할 때 상대와의 대화가 제대로 이루어지지 않는 이유이다.

...

인간이 평온하거나 특정한 것에 몰두하지 않을 때는 주위에서 일어나는 일들을 알아차릴 수 있다. 즉 누가 무슨 말을 하는지 알아차리고 어떤 것들이 보이면 놓치지 않고 인식한다.

그러나 인간은 특정 일이나 문제에 집중하게 되면 그와 상관없는 다른 것들에 대해서는 인지하는 기능이 현저히 떨어진다. 즉 자신이 관심 가진 문제들에 대하여 높은 집중력을 발휘해야 하므로 다른 문제나 변화에 대하여는 알아차릴 필요가 없도록 뇌가 발달하였다고 한다. 이러한 현상을 선택적 집중Selective Attention 이라고 한다.

이러한 기능적 특징은 협상에서도 드러난다. 얻고자 하는 것이 분명하거나 집중하는 안건이 너무 특정되어 있을 때 상대나 제3자가 어떤 제안을 하거나 다른 정보를 제공하더라도 나는 알아차릴 수 없게 된다.

어떤 상대와 협상을 하고 있는데 내가 하는 얘기를 상대가 잘 알아차리지 못한다면 상대는 무언가에 너무 집중해서 나로부터 듣고 싶은 얘기만 들으려 하는 것이다. 혹은 내가 상대에게 얘기할 때도 마찬가지로 내가 선택적으로 집중하는 것이 너무 분명하면 상대가 제시하는 여러 다른 정보들을 무시하게 된다.

● **대처 방안**

상대는 원하는 어떤 답변, 혹은 듣고 싶어 하는 것이 따로 있을 수 있다. 이 점이 무엇인지 알아내는 것은 협상에 도움이 된다. 상대가 한 가지에 집중하고 있다면 내가 다른 이야기를 아무리 하더라도 소용이 없을 것이다. 협상이 합의에 중점을 두는 것이라면 상대가 집착을 보이는 것에 더 좋은 옵션들을 제시해 보라. 내가 중요하게 생각하는 것을 제안하는 것보다 더 빠르게 합의에 이를 수 있다.

또한 상대에게는 지금 관심을 집중하는 것 이외에 다른 부분도 중요하다는 점을 설명할 필요가 있다. 상대도 자신이 어떤 문제에만 집착하고 있다는 사실을 모르고 협상을 계속할 수 있기 때문이다. 상대에게 "아마도 집중하고 있는 문제가 따로 있는 것 같습니다. 저도 그 문제가 중요하고 해결해야 하는 부분이라는 데 동감합니다. 그 문제 이외에 이 문제도 생각해 보시면 더 나은 해결점을 찾을 수 있을 것 같습니다. 어떠신가요? 한번 이 부분도 고려해 보시지요."라고 제안하는 것이다. 상대는 당장에는 관심을 보이지 않을지 모르지만 협상의 새로운 전환점을 찾을 수 있다.

스스로도 어떤 문제에 집착하거나 집중하고 있어서 서로간의 대화의 해결점이 보이지 않는 것은 아닌지 점검해 볼 필요가 있다. 협상가는 상대에 대한 관찰도 중요하지만 스스로가 어떤 상태에 빠져 있는지 점검하는 것이 매우 중요하다.

● Key

상대가 집중하는 부분을 찾아 이를 만족할 만한 것을 제안하라. 나와 상대가 집중하는 사항 이외에도 가치가 있는 부분이 있다는 것을 서로 알 수 있도록 해야 한다.

# 우유부단하여
# 결정을 못하는 유형

**6**────────────

제가 협상할 때 만났던 최 이사님은 협상의 마지막 순간
에 언제나 두세 가지의 옵션을 제시하시면서 협상을 마
무리하였습니다. 제가 마지막 순간에 결정하기가 더 용
이해졌죠.

────────────**9**

단호한 결정을 하는 것은 모든 인간에게 어려운 문제이다. 좋
은 결정에 대한 답을 미리 알려 주고 결정을 하게 하면 더 쉽
게 결정할 수 있다. 협상 상대는 의외로 상대가 답을 정해 주
기를 기다리는 경우가 많다.

인간은 긴장하지 않거나 결정한 결과가 자신에게 미치는 영향이 크지 않을 때는 결정을 잘하는 경향이 있다. 그러나 고도로 긴장하거나 결정한 결과가 자신과 자신이 속한 조직에 미치는 영향이 너무 클 때는 결정을 하는 것이 매우 어렵다. 특히 어떤 결정에 대하여 명확한 기준조차 만들기 어려울 때는 결정을 하는 것은 너무 어려운 것이 된다. 이에 더하여 감정의 동요가 있어 마음이 흔들릴 때는 더욱 결정을 하는 것이 어려워진다. 즉 우유부단함에 더하여 긴장 상황과 감정의 동요가 결정을 더 어렵게 만드는 것이다. 이런 특징은 협상을 더 어렵게 만들기도 하지만 상대가 내가 원하는 협상 결과에 동의할 수 있도록 만들어 주기도 한다.

● **대처 방안**

상대는 대화나 협상을 끊고 싶지 않지만 결정도 어려워한다. 자신에게 어떤 결정이 가장 좋은지 자신도 모른다. 혹은 상대에게 자신이 선호하는 결정을 보여 주기 싫은 경우도 있을 것이다.

만일 상대가 협상을 이루기를 바라지만 결정을 하기 힘들어할 때는 동시에 두세 가지의, 성격이 다른 그러나 종합적 가치는 동등한 제안을 해 보라. 상대는 그중에서 하나를 선택하면 되므로 좀 더 나은 의사 결정을 할지 모른다. 그중에서 어느 것도 결정하지 못한다면 가장 마음에 드는 것이 무엇인지 물어 보라. 그

렇게 함으로써 최소한 상대의 취향이 무엇에 가장 가까운지 알게 된다.[5]

상대가 우유부단한 이유 중 하나는 자신이 협상한 결과가 조직 내에서 어떤 평가를 받을지 의심스러운 경우일 수 있다. 그럴 경우 상대가 어떻게 평가받고 조직이 어떤 것을 원하는지 알아보는 것도 도움이 될 것이다. 상대는 잘 판단하기 어려운 것도 제3자 입장에서 상대 조직 내 평가를 예측해 본다면 더 나은 제안을 해 줄 수도 있다.

상대가 협상 경험 부족에서 우유부단한 것이라면 당신이 상대를 리드할 수도 있을 것이다. 상대에게 조직 내에서 어떤 결정이 더 유리한지를 알려 주는 것도 방법이 될 수 있을 것이다.

상대의 우유부단함이 때로는 협상을 더 어렵게 만들고 결론을 내리기 힘들게 할 수도 있지만 한편으로는 나에게 더 유리한 상황을 만들 수도 있다. 상대가 만일 당신을 믿게 만든다면 상대는 더 매달리면서 협상을 할 수도 있다.

● Key

상대가 결정을 쉽게 할 수 있는 제안을 해 보도록 하라. 두세 가지 가치가 유사한 제안이 효과가 있다.

---

5 _ 이를 구체적으로 협상의 MESO(Multiple Equivalent Simultaneous Offers) 기술이라고 한다. 이 책의 '제4장 어떻게 협상할 것인가 - 협상 기술들'을 참고하기를 바란다.

# 복잡하게
# 생각하기 싫어하는
# 유형

> ❝
> 예전에는 상대와 협상을 할 때 많은 정보와 부연 설명을 하면 일이 잘 풀린다고 믿었는데 실제로는 그렇지 않더군요. 오히려 단순한 대화를 할 때 일이 잘 진행되기도 하였습니다.
> ❞

우리 뇌는 너무 많은 일을 동시에 하기 어렵다. 상대가 너무 많은 정보를 접하도록 하지 마라. 상대가 몇 가지 사이에서 결정을 쉽게 내리도록 도와주는 것이 좋다.

...

인류는 최근 몇백 년 사이에 매우 높은 과학 수준에 도달하게 되었고, 매우 복잡한 구조의 사회를 구성하게 되었다. 우리가 생각하기에 다차원적인 생각을 매우 잘할 수 있고, 멀티태스킹 작업이 자유로울 것이라고 생각한다. 그러나 인간의 뇌는 복잡하게 생각하고 너무 많은 경우의 수를 생각하는 것을 싫어한다. 때로는 너무 복잡한 정보를 접하면 일부 정보를 스스로 차단시키거나 지워 버린다. 즉 스스로 정보를 필터링하는 것이다. 인간은 오랜 기간 생존을 위해 뇌를 사용하면서 스스로 생존에 적합하도록 진화해 왔다. 중요한 정보를 더 중요하게 처리하기 위해 그 외의 정보나 경우의 수는 스스로 차단시키고 가장 중요한 정보로 문제 해결을 하기 위해 노력한다. 이러한 인간의 뇌의 특성을 잘 이해하지 못하면 협상할 때 상대에게 너무 많은 정보와 너무 많은 선택지를 주게 되어 협상을 더 어렵게 할 수 있다.

● **대처 방안**

협상 테이블에서 여러 가지 옵션이 많이 있더라도 차라리 몇 가지(2~3가지)로 압축하여 상대에게 제시하는 것이 더 자연스럽다. 그 몇 가지 중에서 자신이 생각하기에 가장 적합한 것을 고르도록 하는 것이다.

IT 회사의 12년차 김 차장은 상대 발주 회사와 계약 문제로 서로 누구 책임인지 협의해야 하는 일이 있었다. 잘못하면 김 차장이 모든 책임을 져야 하는 상황이었다. 김 차장은 계약상의 문제는 자신의 책임이 아니라는 점을 상대에게 설득하기 위해 자신이 어떤 일을 하는지, 왜 이런 일이 벌어지게 되었는지 그리고 그 문제와 유사한 건은 어떻게 처리하였는지 등등의 다양한 정보를 충분히 전달했다. 충분한 자료와 다양한 방법으로 설명을 해야 상대를 설득할 수 있다고 믿었기 때문이다.

그러나 상대는 계약상의 문제가 상대 IT 회사의 책임이 아닌 점을 분명히 확인하고 문제를 해결하기 위해서 얼마를 더 부담해야 하는지만을 알고 싶을 뿐이었다. 김 차장의 너무 장황한 얘기는 오히려 의심과 혼란만 일으켰고 다시 검토하겠다는 의견만 돌아왔다. 너무 장황한 정보 전달은 오히려 혼란과 의심을 불러올 수 있다.

상대는 때로 너무 많은 정보를 받으면 혼란스러워한다. 간략하고 선택적 정보만을 전달하면 오히려 더 나은 협상 상황을 이끌어 갈 수 있다. 상대와 협상 전에 어떤 정보를 전달할지를 미리 고려하여 그 선택된 정보만으로 상대의 결정을 더 쉽게 이끌어내도록 한다.

● Key

협상 안건에 맞는 내용으로 대화를 단순화시켜라.

# 조직에서
# 살아남으려는 생각에
# 결정을 못하는 유형

협상을 마무리할 때 상대가 조직에서 최대한 좋은 이미지를 가지도록 도와주었더니 협상이 잘 진행되었을 뿐 아니라 저에게 감사한 마음을 가지더군요.

상대는 조직 내에서 우쭐해할 수 있는 것이라면 아무것도 아닌 제안도 받아들인다. 그것이 매우 중요하기 때문이다.

...

인간은 오랜 기간 집단생활을 해 오다가 최근에는 1인 가족이 늘어나면서 각자 생활하는 경우가 늘어났다. 하지만 인간은 육체적으로는 따로 생활할지라도 정신적으로 어딘가에 소속되지 않으면 불안해하게 된다. 즉 인간은 어딘가에 소속되어 그 조직에서 인정받음으로써 생존의 확신을 가지게 되는 것이다. 따라서 우리는 자신이 속한 조직 내에서 인정을 받지 못하는 상황이 오면 불안해하게 된다.

협상의 관점에서도 자신이 직접 관여하고 담당한 협상 결과가 자신이 속한 조직 내에서 인정받지 못하거나 책망을 받는 상황은 몹시 두려운 일이다. 직장인들이 협상 업무를 하면서 가장 우려하는 것도 협상 결과에 대한 조직 내에서의 평가이다. 협상 결과에 대하여 자신도 만족해야 하겠지만 그보다도 자신이 속한 조직의 구성원이 얼마나 그 결과에 만족할지가 더 중요한 것이다. 만일 협상 결과가 자신의 조직에서 환영받지 못할 것이 뻔하다면 그 협상안에 대하여 쉽게 동의하지 않을 것이다. 상대를 회사나 기관을 대표하는 사람으로만 보고 상대가 속한 조직의 일원으로 보지 않는다면 회사와 상대를 동일시하게 되어 문제를 더 악화시킬 수 있다.

● **대처 방안**

협상 상대를 상대가 속한 조직의 한 개인으로도 보아야 한다. 그렇게 보기 시작하면 회사 대 회사 혹은 기관 대 기관의 협상이 한 개인과 그 개인이 속한 회사나 기관으로 양분하여 대응할 수 있다. 그렇게 보기 시작하면 한 인간이 자신이 소속된 회사나 기관에서 좋은 평판을 유지해야 하는 고충이 느껴질 것이다.

인간의 이러한 특성을 역으로 이용하면 협상을 더 쉽게 만드는 반전의 기술로 만들 수 있다. 즉 상대에게 제안할 때 상대 조직의 구성원이 좋아할 만한 제안을 하는 것이다. 더 나아가 상대 조직의 최고 책임자가 협상 상대를 칭찬하도록 만든다면 더할 바 없다. 때로는 협상 상대가 상대 조직에서 어필할 수 있는 자료를 직접 만들어 주거나 만드는 것을 도와주는 것도 협상을 진행하는 데 큰 도움이 된다.

...

일전에 계약 협상 담당자로 활동할 때 협상의 막바지에 거의 모든 합의를 이루어 상대 회사의 최고 의사 결정권자의 승인만 받으면 되는 순간이 왔다. 그런데 협상 상대는 보고 내용을 어떻게 만들지 고민하고 있었다. 협상을 진행할 때는 마치 서로가 적인 양 대립하기도 했지만 서로 합의를 이루니 서로 같은 동지가 되어 보고 자료에 들어갈 만한 내용에 팁을 주었다. 상대 조직의 관점에서 볼 때 협상이 잘된 부분이라든가, 상대의 관점에서 성과를 냈다고 보이는 부분에 대해 어떻게 보고 내용을 만들면 좋을지에 관해서도 조언하였다. 그래서 상대는 보고 과정에서 회장으로부터 좋은 평가와 함께 수고했다는 말을 들었다고 한다.

상대는 당시 조직으로부터 인정과 칭찬을 받은 것은 의심할 바 없었다. 그리고 그 이후 나를 같은 동지로 보는 것이다. 협상 상대가 조직에서 칭찬받을 수 있게 하는 것은 나와 상대 모두에게 좋은 방법이다. 상대에게도 내가 속한 회사나 기관에서의 평가가 중요함을 알려 주고, 서로 간에 더 나은 평가를 받을 수 있는 방안에 대한 대화까지 이어진다면 장기적으로도 좋은 협상 파트너가 될 수 있다.

● Key

상대를 상대 조직과 동일시하지 말고 상대 조직에서 칭찬받고 인정받아야 하는 개인으로 대하라. 그러면 더 나은 협상 결과를 기대할 수 있을 것이다.

# 갈등에서
# 도망치고 싶어 하는
# 유형

**6** ─────────────────────

저는 회사에서 싸움닭 같은 역할을 했습니다. 저도 이런
역할이 싫지 않았습니다. 사람들이 갈등을 회피하는 것 같
아 내심 그런 사람들을 보면 좋지 않게 보았는데 사실 대
부분의 사람들은 갈등 상황 자체를 피하더군요.

───────────────────── **9**

내 일이 아니었으면 하는데, 나는 협상에 끼어들어 잘하지도
못하면서 골치만 아프긴 싫은데, 이 문제는 저절로 해결되었
으면 좋겠군. 이렇게 생각하는 사람들이 사실 대부분이다. 누
구나 갈등 국면은 피하고 싶은 것이다.

...

많은 사람들은 협상에 적극적으로 개입하기보다는 좀 떨어져서 누군가 대신 해결해 주거나 혹은 저절로 문제가 없어지기를 바란다. 상대가 제풀에 지쳐서 문제를 더 이상 만들지 않거나 혹은 상황 변화로 문제가 저절로 해결되는 것을 원하는 것이다. 이러한 경향에는 여러 가지 원인이 있겠지만 많은 사람들은 분쟁이나 갈등 관계의 당사자는 되고 싶어 하지 않는다. 조직 내에서 자신이 반드시 개입해야 하는 당사자가 아니라면 스스로 그 문제에서 물러나고 싶어 한다. 이런 인간의 본성으로 인해 협상을 통한 문제를 바로 해결해야 함에도 불구하고 문제가 겉돌게 된다.

● **대처 방안**

협상은 필연적으로 갈등 상황에서 진행하는 것인데, 유난히 갈등 상황을 못 견뎌하는 사람들이 있다. 과거 갈등 문제를 해결하는 과정에서 마음을 다친 경우도 있을 것이고, 성장 과정에서 사람 사이의 갈등이 유난히 힘든 경우도 있을 것이다. 이럴 경우 상대에게 문제 해결의 방법을 알려 주고 그 해결의 당사자가 되도록 해 주면서 조직 내에서 좋은 평판과 이익을 취할 수 있다고 알려 주면 좀 더 적극적으로 협상에 참여하거나 책임을 맡게 된다.

나는 기업에서 계약 협상 실장으로 일한 적이 있었는데 그 이유 중 하나가 그 부서의 임무 중 하나인 상대 고객사와의 갈등, 분쟁 국면을 다른 직원들은 담당하고 싶어 하지 않았기 때문이기도 했다. 대부분의 직원들은 그런 일보다는 분쟁과 갈등이 없는 일을 선호했다.

나는 다른 사람들에 비해 서로 분쟁과 갈등을 해소하는 일에 보람과 재미를 느끼고 있었다. 사실 조금 스트레스를 받기는 하였지만 분쟁과 갈등이 해결되어 평온함이 찾아오는 것에 큰 즐거움을 느끼고 있었다. 서로 간에 잘 풀리지 않는 문제를 풀어 주고 계약 간 문제가 되는 부분을 협상하는 일이 좋았다. 대부분의 사람들이 싫어하는 일이기는 했지만 말이다.

아무튼 상당수의 사람들은 스스로 갈등을 해결하는 것조차 힘들어하거나 기피한다. 누군가 자신을 대신해서 문제를 풀어 주거나 자신이 그 일에 관여하지 않은 상태에서 문제가 해결되기를 기다린다. 만일 당신이 사람들의 그러한 특성을 잘 이해하고 갈등과 문제를 풀어 주는 사람이 된다면 당신은 그것만으로도 협상의 상대적 우위에 있게 되는 것이다. 그런 의미에서 최근에는 갈등 문제 해결은 리더의 최우선 덕목이 되고 있다. 리더로서 활동하고 존중을 받기 위해서는 갈등 문제에 직접 관여하고 문제를 해결하는 당사자가 되어야 하는 것이다.

● Key

갈등 문제를 회피하고자 하는 상대에게 문제를 해결하는 방안을 제시하고, 이를 통해 이익을 얻을 수 있다는 믿음을 준다.

# 걱정만 하는 유형

상대가 아무 의미 없는 조건에 매달릴 때가 있어요. 발생 가능성이 거의 없었는데도 말이죠. 상대의 이런 걱정은 오히려 나에게 득이 되었습니다. 내가 그의 걱정을 덜어 주는 조건을 수용하고 나는 더 실리적인 조건을 따냈습니다.

인간은 불확실한 상황에 놓이면 그 상황이 명백해질 때까지 걱정을 하고 불안을 느낀다. 상대의 이러한 불안과 걱정 때문에 협상은 더 유리해질 수 있다.

…

인간의 걱정은 끝이 없다. 일어날 가능성이 거의 없는 일에도 반복적으로 걱정하고 우려하는 것이다. 인간의 이런 행동은 생존 본능 중 하나라고 한다. 끊임없이 어떤 불길한 일에 대하여 원인을 찾고 대응 방법을 강구하도록 진화해 왔다는 것이다.

그도 그럴 것이 맹수나 자연재해, 다른 종족의 침략 등으로부터 자신과 가족 그리고 동족 혹은 부족을 지키려면 조금이라도 의심스러운 일에는 원인을 밝혀내고 대비를 했어야 했다. 현대 사회에 와서도 맹수, 자연재해 혹은 다른 종족의 침략 등은 거의 없어졌지만 이와 유사한 외부의 위협도 같은 부류의 위협으로 받아들인다고 한다. 그래서 협상을 하는 상대가 전혀 물리적인 위협을 가하지 않아도 협상이 경쟁적이고 공격적이 되면 상대로부터 물리적 공격을 받는 것과 같은 위협을 느낀다.

협상 안건에 대하여도 추후 발생할 수 있는 위협적인 일들에 대하여 끊임없이 걱정하고 대비를 하려고 한다. 발생 가능성이 거의 없더라도 계약서상에는 명시해 두어야 걱정을 하지 않는 것이다. 이런 인간의 특성은 특히 계약 조건 협상에서 우려할 만한 문제로 나타나기도 한다. 만일 상대가 이런 걱정이 유난히 많고 우려하는 일들이 심각할 정도라면 협상을 진행하면서 큰 어려움을 느낄 수도 있다.

● **대처 방안**

걱정이 많은 것은 인간의 본능이기도 하지만 상대가 유독 걱정이 많은 유형이라면 대처를 하여야 한다. 끝없이 이어지는 걱정에 어떤 합의도 어려워질 수 있기 때문이다. 이럴 경우 협상 중간중간에 합의된 내용을 정리하고 확인해 나가는 것이 좋다. 어떤 경우에는 걱정이 많은 이런 상대와 협상을 하는 것은 오히려 더 유리하게 작용할 때도 있다. 상대의 걱정을 덜어 주는 조건부 협상을 하거나 상대가 유난히 걱정하는 그러나 발생 가능성이 거의 없는 안건에 대하여 합의를 해 주고, 그 대신 나는 실리적으로 더 이익이 되는 조건을 상대로부터 얻는 것이다. 조건부 협상은 완료 시점이 명확해야 하는 건설이나 IT 시스템 구축 분야를 예로 들 수 있다. 만일 완료가 지연되는 경우 지체배상금 조건이 있었다. 발주자 고객 입장에서는 상대방 사정으로 지연이 되면 곤란하므로 일정 비율을 정해 배상금 조항을 두게 된다. 상대 입장에서는 조기에 완료할 경우 인센티브 조항을 둘 수도 있다.

상대의 걱정이 협상 안건만이 아닌 협상 결과에 대한 내부의 질책이 문제라면 질책을 최소화하는 방안을 제시하는 것이다. 이럴 경우 협상 상대 회사의 이해관계자들의 걱정을 수집하는 것도 좋은 방법이다.

● Key

상대가 걱정이 많은 것은 오히려 득이 될 수 있다. 상대의 걱정 속에는 문제 해결을 위한 많은 힌트들이 숨어 있다. 상대의 걱정을 통해 협상을 레버리지하라.

# 서로 다른
# 인식 차이에 갈등하는
# 유형

6 ──────────────────

나는 상대와 완전히 다른 생각을 가진 것 같습니다. 상대
도 나와 완전히 다른 생각을 하고 있다는 것을 알고 있는
것 같습니다. 과연 협상이 가능할까요?

──────────────────── 9

인간은 원래 자신이 경험하여 알게 되거나 교육받은 대로 생
각하고 인식한다. 이 점을 자연스럽게 받아들여야 한다. 상대
가 나와 관점이 다르다면 상대의 경험과 기억은 나와 완전히
다를 수 있다고 생각해 보아야 한다.

...

우리가 상대하는 협상 대상인 인간은 자신과는 많이 다른 생

각과 인식을 가지고 있다고 보아야 한다. 설사 같은 사실을 보고 있거나 같은 서류를 들고 있더라도 이해하거나 생각하는 관점은 다르다. 당연한 것이다.

태어나서 서로 다른 경험을 하고 서로 다른 사건들을 겪고 서로 다른 정보들을 머릿속에 담아 두었기 때문이다. 이러한 차이는 협상을 어렵게 만들기도 하고 오히려 협상을 더 쉽게 만들기도 한다.

상대와의 인식이나 관점의 차이는 우리가 서로 다른 것을 원하기 때문이다. 어떤 사람은 현재의 금전적 가치를 더 높게 평가하고, 어떤 사람은 미래의 금전적 가치를 더 높게 평가한다. 어떤 사람은 평판을 더 중요하게 생각하고, 어떤 사람은 신뢰를 더 중요하게 생각한다.

● **대처 방안**

자신이 경험하고 알고 있는 것을 중심으로 모든 사실과 현상을 인식하고 이해하는 경우 서로 간의 관점 차이로 다툴 여지가 많아지므로 상대의 관점을 먼저 이해하고 협상을 진행하여야 한다. 만일 상대와 협상을 진행하면서 대화가 잘 풀리지 않거나 겉돌고 있다면 상대와 관점의 차이가 있다는 점을 확인해 보아야 한다. 같은 사실관계이더라도 상대와는 서로 다른 경험과 지식을 쌓아 왔기 때문에 이런 사실관계를 해석하는 관점도 다를 수 있다.

관점의 차이가 무엇인지 알아내고 이를 활용하는 것만으로도 협상에서 큰 진전이 있을 수 있다. 상대와 경험과 지식에서 차이가 있다는 것은 협상의 교착 상태를 극복하는 실마리가 될 수 있다. 그러한 관점의 차이에서 서로가 합의할 수 있는 새로운 옵션을 만들어낼 수 있다.

개인의 경험과 지식으로 생기는 이런 다양한 관점의 차이를 잘 이해하고, 상대가 어떤 인식과 관점을 가지고 있는지 알아내는 것은 협상에서 매우 중요하다. 상대의 인식과 관점만 잘 이해하더라도 거의 비용 지불을 하지 않고서도 상대에게 매우 높은 만족감을 가져다줄 수 있기 때문이다.

● Key

상대와 나의 관점의 차이는 서로의 기억과 경험이 다른 것에서 나온다는 점을 알아내도록 하라.

# 호감이 있어야
# 협상하는 유형

저는 상대와 협상을 시작하기 전에 상대가 좋아하는 주제에 대하여 얘기를 한참 하곤 했습니다. 협상은 그다음이죠. 그런 얘기들이 협상을 더 부드럽게 이끌고 나갔습니다.

서로 호감을 가지는 것은 문제의 본질과 아무 관계가 없다. 그러나 상대는 그런 호감 때문에 당신에게 유리한 의사결정을 할 수 있다.

...

누군가와 협상을 할 때 오로지 협상 안건만이 중요하다고 생각하면 오산이다. 아무리 좋은 의견을 상대에게 제시하더라도 꿈

쩍도 하지 않다가 별 의견도 아닌데 좋아하는 경우가 있다. 인간이 무엇인가를 선택하고 결정할 때는 자신을 좋아하는지 혹은 공감대가 형성되는지를 중요하게 생각한다.

비록 겉으로 드러내지는 않더라도 상대에게서 호감이 발견되지 않는다면 의사결정을 할 때 엄격해질 수 밖에 없고 심지어 긍정적인 결정을 내리지 않을 수 있다. 인간은 누군가 다른 사람이 자신을 좋아한다는 것을 느끼거나 자신이 관심 있어 하는 분야에 관심을 가진다는 것을 알았을 때 상대에 대해 호감을 가지게 되고 상대의 제안에 긍정적으로 생각하게 된다.

협상에서는 특히 상대가 나에 대해 아무런 호감도 느끼지 않는데 내가 제시하는 제안, 의견 등에 객관적인 자세로 평가하고 합의해 줄 것이라는 기대는 하지 않는 편이 나을 것이다.

● **대처 방안**

협상 안건에 대한 근거 있고 합리적인 준비를 하는 것도 물론 중요하다. 그러나 상대가 나에 대하여 호감을 가지고 접근하도록 만드는 노력도 동시에 하는 것이 좋다. 협상에 바로 돌입하면 서로가 경쟁적인 대상으로 생각하고 기본적인 호감이나 친밀감이 형성되지 않은 상태에서 경쟁적인 관계로 발전하면 호감을 다시 느끼는 상태로 만들기 어려워진다. 이러한 점에서 협상의 초기 단계에서 라포Rapport 형성을 협상의 본격적인 대화 이전에 시작하는 것은 매우 중요하다. 협상이라는 짧은 시간 동안 상대와 호감도를 높이기 위해서는 달리 기회가 없으므로 라포 형성이 사실상 기회인 것이다. 물론 협상 테이블 이전에 만날 기회가 있다면 그 시간을 라포 형성 시간으로 활용하는 것이 좋다. 라포 형성의 주제는 미리 준비해 두는 것이 좋은데, 날씨나 최근 뉴스보다는 상대가 좋아하는 구체적인 주제에 대하여 좀 더 깊이 있게 알아두는 것이 필요하다. 짧은 시간에 상대와 상호 간에 호감이 흐르도록 하였다면 협상의 반은 성공한 것이나 다름없다. 협상에서 라포 형성 기술을 응용하여 큰 성과를 얻은 사람들이 의외로 많다.

● Key

협상 성공을 위해서는 라포 형성 기술을 개선하는 데에도 시간을 투자해야 한다. 다른 협상 기술보다 효과가 클 수 있다.

# 주고받는 것에
# 집착하는 유형

저는 사소한 양보는 먼저 하는 편입니다. 양보를 먼저 하면 상대도 언젠가는 자신도 갚아야 할 빚이 있는 것처럼 행동하더군요. 물론 상대도 사소한 것을 양보하면서 서로 신뢰가 더 쌓였습니다.

사소한 것이라도 상대가 받게 하라. 혹은 사소한 것을 내가 먼저 양보하라. 상대는 먼저 주었든지 혹은 먼저 받았든지 거래가 필요하다고 믿는다.

...

사람들에게 협상 하면 가장 무엇이 생각나느냐고 물어 보면

'주고받는 것'이라고 말하는 사람들이 꽤 있다.

협상을 하는 데 있어 상대와 거래를 한다고 생각할 때 결정을 잘하는 경향이 있다. 즉 그냥 내 것을 받아들여 달라고 아무리 설득하기보다는 상대에게 내가 당신의 것을 수용할 테니 내 것도 받아들여 달라며 거래를 하면 상대는 더 쉽게 결정한다.

반대의 경우도 마찬가지일 것이다. 당신이 나에게 아무리 설득하려 하더라도 나의 것이 받아들여지지 않으면 나도 쉽게 수용하지 않을 것이라고 하는 것은 상대가 나의 것도 받아들이게 하는 좋은 기법이 된다. 특히 인간의 이러한 특성은 상대가 나에게 무리한 것을 계속 요구할 때 도움이 된다.

상대는 이러한 거래를 했다고 생각할 때 합리적인 협상을 하였다고 생각하는 경향이 있다. 이는 논리적이기보다는 오랜 진화를 거치면서 서로 주고받는 거래가 이루어질 때 뇌가 안심하는 경향을 가져오는 것이라고 볼 수 있다.

● **대처 방안**

어떤 상황에서도 협상은 주고받아야 한다고 믿는 유형이 있다. 이러한 상대를 위해서는 뭔가 주고받는 것이 확실해야 한다. 주고받는 거래가 중요한 상황에서는 상대보다 먼저 상대에게 무언가 부담되지 않는 것을 양보하는 것이 좋다. 너무 부담되는 것을 먼저 양보하는 것은 상대도 오해할 수 있고 자신에게도 리스크가 될 수 있기 때문에 신중히 고려해야 한다. 상대는 무언가 먼저 받았기 때문에 그 대가로 다시 무언가 양보해야 한다는 부담을 가지게 될 것이다. 그때 상대에게 양보를 요청하면 당신이 아무것도 먼저 양보하지 않았을 때보다 더 쉽게 양보를 얻어낼 수 있다. 당신의 부담이 덜 한 부분에 대한 선제 양보로 협상을 레버리지하는 것이다.

또 한 가지 대처 방안으로 협상의 안건 전부를 테이블에 올려놓고 중요도에 따라 트레이드 오프Trade Off 하는 것이다. 나의 중요한 것과 상대에게 상대적으로 덜 중요한 것을 서로 트레이드하는 것이다. 상대도 마찬가지로 더 중요한 것을 가져가고 덜 중요한 것을 나에게 양보하는 것이다.[6]

● Key

상대에게 먼저 양보하여 상대로부터 양보를 얻이내어라. 그리고 협상 안건이 많다면 트레이드 오프 기술을 사용하라.

---

6 _ 트레이드 오프(Trade Off)에 대해서는 '제4장 어떻게 협상할 것인가―협상 기술들'을 참고하기를 바란다.

# 원인이 밝혀지면 상대를 믿는 유형

6 ─────────────────────────────

저희 부서 임원인 이 전무님은 상대와 협상에 난항이 생기면 언제나 원인을 찾도록 지시했습니다. 설사 그 원인이 밝혀지지 않더라도 그럴 듯하면 안심하셨죠.

─────────────────────────────── 9

어떤 문제에 대한 원인이 밝혀졌다고만 믿는다면 그 원인의 진위는 중요하지 않다. 다만 원인을 알게 되었다는 것이 중요하다. 그러나 어떤 원인이라도 나타나지 않으면 불안해하고 결정하기 어려워한다.

...

인간은 어떤 결과에 대하여 원인을 찾는 것을 생존 수단으로 여겨 왔다. 어떤 결과가 있는데 원인이 발견되지 않는 경우 불안해하고, 심지어 극도의 공포에 휩싸이게 된다. 또한 그 원인은 우리 인간이 이해할 수 있는 것이어야 한다. 심지어 원인이 밝혀지지 않으면 자신이 추측할 수 있는 원인을 찾아 그 원인이 결과를 만들어 낸 것으로 접목시키고 스스로 안심한다.

이러한 원인을 찾아야만 안심하는 인간의 특성으로 협상에서 원인이 밝혀지지 않는 결과나 상대의 제안은 의심을 가지고 접근한다. 만일 원인 제시를 잘하지 못하는 경우 상대로부터 원만한 결론을 이끌어내기 어렵다. 원인을 찾고 결과와 접목시키는 것을 좋아하는 인간의 특성을 잘 이용하면 오히려 더 쉬운 협상 결과를 만들어 낼 수 있다.

● **대처 방안**

모든 문제들의 결과만 가지고 대화하고 협상하는 상대가 있는가 하면 원인과 결과가 이어지지 않으면 대화가 힘들어지는 상대도 있다. 이때 원인은 결과와 논리적으로 잘 이어지는 것이면 좋겠지만, 상대가 쉽게 생각하고 좋아하는 논리를 제시하면 더 잘 어울리는 원인과 결과를 만들어낼 수 있다. 즉 상대에게 꼭 맞아떨어지는 원인을 정교하게 제시하는 것보다 상대가 더 쉽게 믿는 것이거나 혹은 좋아하는 원인을 찾아 상대에게 제시하면 오히려 상대는 더 편안하게 받아들일 수 있다. 상대가 만일 내가 생각하는 원인에 대해 궁금해 한다면 내가 생각하는 원인에 대한 생각

방식을 설명해 주는 것도 도움이 된다. 다만 상대와 이에 대하여 논쟁을 벌이지는 말아야 할 것이다.

상대가 무엇을 더 쉽게 믿는가를 찾아내는 것도 협상에서 중요한 기술이다. 그러기 위해서는 상대가 하는 말이나 나의 말에 반응하는 것을 경청해서 찾아내야 한다. 사람들은 대부분 자신이 쉽게 할 수 있는 것을 상대에게 설명하려고 한다. 그러나 그러한 방식이 상대도 쉽게 수긍하는 방식은 아닐 수 있다는 점을 이해해야 한다. 즉 상대가 수긍하는 논리로 설득하는 것이 중요하다.

일단 상대가 수긍할 수 있는 논리가 파악되었다면 자신이 말하는 것에 대한 적당한 논리를 만든다. 특히 이러한 방식은 협상의 말미에 상대가 협상 결과에 합의하려고 할 때 효과를 발휘한다. 만일 협상 말미에 "저번에 얘기하신 내용을 토대로 제안하는 내용을 수정하였습니다."라고 한다면 상대는 그 얘기가 무엇이 되었든 간에 당시 얘기를 토대로 수정안을 만들었다는 점 때문에 쉽게 결정을 내릴 수 있다. 그럴듯한 원인으로 상대가 안심하도록 하는 것이 아무런 원인을 제시하지 않는 것보다 훨씬 낫다. 협상은 생각과 심리를 활용하는 것이기 때문이다.

● Key

상대에게 원인에 대해 설명할 때 상대가 받아들이기 더 쉬운 원인을 제시하라. 다만 사실관계에 대해 상대와 논쟁을 벌이지는 말아야 한다. 논쟁은 더 큰 논쟁으로 이어지기 쉽기 때문이다.

# 일관성이 있으면
# 합의하는 유형

6

제가 아는 김 상무님은 제가 틀린 얘기를 하더라도 일관
되기만 하면 오히려 신뢰를 했어요. 중간에 잘못된 얘기를
수정하는 것을 더 싫어합니다.

9

앞뒤가 잘 맞지 않는 조합이더라도 일관성이 있으면 좋아하
는 유형에게는 일관성이 있다고 믿게 하는 제안을 해야 한다.
홈쇼핑 방송을 보면 우리는 매우 일관성이 있는 쇼핑 호스트
의 멘트에 모두 현혹된다.

...

인간은 일관성을 좋아하기 때문에 과거의 기억을 스스로 조작

하기까지 한다. 일관되지 않은 부분을 지우거나 왜곡시켜 자신이 믿는 것이 모두 일관되도록 기억을 조작한다는 것이다. 이러한 연구 결과는 매우 놀랍기도 하다.

이러한 인간의 뇌의 비밀을 일찍 알고 있었던 사람들은 협상에서도 이를 잘 이용해 왔다. 그러나 이러한 특징을 잘 이해하지 못했던 경우에는 상대로부터 협상에서 당해 왔다고 보아도 좋을 것이다. 일관성이 없다면 뇌는 매우 괴로워 한다는 것이다. 그래서 일관성을 만들기 위해 우리가 의식하지 못하는 사이에 자신이 기억한 모든 정보들을 일관되도록 만든다. 협상에서 일관성을 처음부터 끝까지 중요시하는 유형도 있다. 중간에 말이 바뀌거나 정보가 다르게 전달되면 의심을 하고 신뢰하지 않는다. 그러나 협상 중간에 전달하는 내용이 자신이 처음 들은 내용과 같다면 의심 없이 받아들이기도 한다.

● **대처 방안**

우리가 만일 매우 논리적인 근거를 좋아하는 협상 상대를 만난다면 만나는 순간부터 협상이 끝날 때까지 모두 일관된 제안과 정보로 진행한다면 좋을 결과를 얻을 수 있을 것이다.[7]

국내 에너지 분야에서 오랫동안 경륜을 쌓고 전무로 승진 예

---

7 _ 협상에서는 앵커링 기술이라고 하며, 이 책의 '제4장 어떻게 협상할 것인가–협상 기술들'에서 더 자세히 설명한다.

정이였던 최 상무는 상대 발주사와의 협상에서 크게 도움을 받은 기술이 있다고 한다. 상대 발주처 기술팀과 골프를 칠 기회가 있었는데, 그 상대 발주처 기술팀 임원에게 자신들이 공급하는 제품에 문제가 생길 때 어떻게 대처하는지 상세히 설명하였다고 한다. 그리고 프로젝트 종료 후 제품에 문제가 발생하였는데, 초기에 골프를 치면서 설명한 대처 방법으로 진행한다는 뜻을 밝혔더니 크게 무리 없이 믿고 진행을 맡겼다고 한다. 만일 처음에 한 얘기와 문제가 생긴 후에 얘기가 달랐다면 신뢰도는 크게 떨어졌을 것이다.

한 회사에서 협상을 진행하기 위해서는 일관성이 중요한데 사람이 바뀌어도 메시지는 동일하게 유지되도록 해야 한다. 일관성이 유지되는 것만으로도 협상에서 큰 효과를 볼 수 있다. 회사의 모든 임직원이 동일한 메시지를 상대에게 전달하는 것은 협상에서 매우 효과적인 레버리지가 된다.

● Key

일관성이 처음부터 끝까지 유지되는 것을 좋아하는 유형이 있다. 만남의 초기에 잘 형성된 이미지와 정보는 오히려 협상에서 큰 도움이 된다.

# 과거 기억이 좋으면
# 상대 말을 믿는 유형

6 ────────────────────────

제가 아는 어떤 글로벌 기업은 중요한 프로젝트를 시작하기
전에 프로젝트에 관련된 모든 업체를 불러 야유회를 함께
가더라구요. 그 이후에 큰 분쟁거리가 생기지 않았습니다.

──────────────────────── 9

인간은 과거에 있었던 좋았던 일을 시간이 지나면서 더 좋게
각색한다. 만일 상대와 좋은 추억을 만들었다면 향후 나쁜 일
도 좋게 풀어질 수 있다. 즐거운 식사자리나 서로 즐기면서
치는 골프 약속이 나쁘지 않은 이유이다.

...

누구나 좋은 과거를 회상하면 기분이 좋아진다. 협상을 하는

당사자도 마찬가지이다. 만일 상대가 어떤 연유이든 서로 좋은 시간에 대한 기억이 남아 있다면 협상도 순조롭게 이어질 가능성은 높아진다. 협상 안건은 사실 객관적인 관점에서 다루어져야 하는 것인데, 과거의 좋은 기억이 영향을 준다는 것은 어떻게 보면 합리적으로 보이지 않을 수도 있다. 협상가들은 서로 인사하는 순간부터 상호 간에 좋은 기억을 만들려고 한다.

● **대처 방안**

과거의 좋은 기억에 특히 더 영향을 받는 유형의 사람들이라면 당연히 상대의 머릿속에 좋은 기억을 심어 주어야 한다. 좋은 기억을 만드는 방법은 여러 가지가 있을 것이다. 좋은 식사자리, 외부 행사, 스포츠 관람 등 서로 편한 방법으로 만들어 갈 수 있다. 일단 기분 좋은 자리에서 시간을 보내고 나면 그 이후에 진행되는 일들도 큰 무리 없이 진행될 수 있고 서로 공격적인 자세도 상당히 누그러질 수 있다. 때로는 비이성적이고 비논리적인 접근이 더 나은 협상 결과를 만들 수 있다. 처음에 딱딱한 자리에서 시작해서 나중에 서로의 기분을 풀어 주는 자리보다 처음에 좋은 기억으로 시작할 수 있는 자리가 더 나을 것이다.

그런 면에서 큰 프로젝트 때 진행하는 킥오프Kick Off 미팅은 좋은 결과를 가져올 수 있다. 참석한 사람들의 프로젝트 내용 전반에 대해서 이해를 같이할 뿐 아니라 서로 간에 좋은 관계를 형성할 수 있다.

그렇게 하기 위해서 킥오프 미팅Kick Off Meeting[8]은 가능한 기분 좋게 진행하는 것이 좋겠다. 프로젝트에 대한 긴장된 관계도 좋지만 이런 기회에 서로를 알고 서로에 대한 좋은 인식을 가질 수 있는 식사자리는 그 이상의 가치를 가진다. 일종의 집단적 라포 형성이 된 것이다.

일대일 협상에서 뿐 아니라 팀 내에서 혹은 서로 다른 회사 간의 프로젝트에서 라포가 잘 형성되면 프로젝트 도중 클레임이나 분쟁이 발생했을 때에도 큰 무리 없이 지나갈 수 있다. 프로젝트 전이거나 초기에 있었던 좋은 기억이 계속 남아 있기 때문이다. 이러한 좋은 기억은 서로 간 부정적 기억이 자리 잡기 전에 해야 한다. 노련한 협상가라면 이처럼 상대의 기억도 만들어낼 줄 알아야 한다. 상대와 좋은 시간을 보내면서 기억을 만들어 가는 것은 협상의 관점에서 절대 시간 낭비는 아닌 것이다.

● Key

상대가 좋은 기억을 갖고 좋은 기분을 느끼게 하여 이를 과거의 좋은 추억으로 생각하게 하라. 상대에게 좋은 기분과 기억을 심어 주는 것도 당신의 협상 능력 중 하나이다.

---

8 _ 프로젝트를 시작하기 전 프로젝트와 관련된 모든 사람들이 서로 만나 프로젝트의 목적, 범위, 진행 방법, 위험 요소, 구성원 등에 대하여 의견을 나누고 단합하는 과정이다.

# 상호 관계가
# 중요한 유형

❝

협상 성향을 조사해 보았더니 70~80% 이상이 관계 중심적 갈등 해결을 시도하는 것으로 나타났습니다. 대부분의 사람들이 문제 해결에서 이기는 것보다는 사람 간의 관계 개선에 더 중점을 두죠.

❞

직장인의 2/3 이상은 상호 관계 맺기를 좋아한다. 상대에게 좋은 관계를 보장하면 상대는 양보할 가능성이 매우 높다. 그러나 상대의 그런 기대를 저버리면 대가를 치르게 될 것이다.

...

인간은 오랜 기간 서로 간에 관계를 맺고 조직을 형성하면서 유대감을 가지고 살아 왔다. 그래서 어떤 일이 생기더라도 유대감이 깨어지거나 관계가 깨어지는 것을 싫어하고, 실제로 그러한 일이 생길 우려가 있으면 상당한 상실감을 느끼고 우려를 하게 된다.

실제로 기관이나 회사에서 간단한 설문으로 조사를 하게 되면 70~80% 이상의 참석자는 상대와의 문제 해결에 경쟁적으로 임하기보다는 관계가 유지되거나 좋아지는 것을 더 선호하는 것으로 나타난다(이러한 관계 중심의 성향을 가진 협상가를 연성 협상가Soft Negotiator라고 함). 이러한 성향이 강한 사람들은 협상을 진행하면서도 상대와 갈등이 커져 관계가 부정적으로 바뀌거나 깨지게 되는 것에 대하여 몹시 걱정을 한다.

이러한 성향은 상대와 협상을 진행하면서 상대와의 관계가 지속되고자 하는 마음이 크기 때문에 자신은 기꺼이 양보하려는 생각을 가지게 된다. 그리고 실제로 상대에게 무엇인가를 양보하면서 상대로부터 지속적인 관계에 대한 보장이나 약속을 받게 되면 이로 인해 더 큰 보상을 얻었다고 생각하며 협상 결과에 만족한다.

문제는 상대에게 양보를 하면서까지 장기간의 더 나은 관계를 기대하였으나 그러한 기대가 깨어진 경우이다. 상대가 양보를 얻어 냈음에도 불구하고 관계를 멀어지게 한 경우 양보를 한 당사자는 매우 큰 상실감을 느끼게 된다. 그러한 경우 큰 상실감은 적대감으로 바뀌기도 하고 상대에 대한 복수심으로 나타나기도 한다.

## ● 대처 방안

대부분의 협상 상대로서의 인간은 관계를 유지하고 발전시켜 나가는 것을 좋아하고 중요시하기 때문에 이 점을 실망시키는 데 유의해야 한다. 즉 상대로부터 어떤 양보를 얻어냈거나 상대가 관계를 중요시하기 위해서 어떤 긍정적 신호를 보냈다면 이 점에 대하여 매우 감사하고 좋은 관계의 유지 노력을 하겠다는 뜻을 보여 주는 것이 중요하다. 물론 양보를 받았다고 해서 반드시 관계 유지나 더 나은 관계를 반드시 지속해야 하는 것은 아니다. 그러나 상대가 배신감을 느낄 정도의 언행을 하는 것은 반드시 피해야 한다. 인간은 관계가 깨질 때 매우 큰 상실감을 느끼고 이로 인해 반대 작용(분노, 적개심 등)이 생길 수 있기 때문이다.

상대와 어떤 협상을 하더라도 상대가 희망하는 좋은 관계에 대한 기대감을 저버려서는 안 된다. 상대가 관계를 중시하는 유형일 때 상대에게 실망하면 일반적으로 경쟁심이 강한 상대보다 더욱 더 강력하게 경쟁적인 상대가 될 수 있다. 자신의 좋은 선의를 상대가 이용했다고 생각하기 때문이다. 그러나 어떤 사람들은 너무도 쉽게 그런 관계를 무시하고 협상하는 경우가 자주 있다. 자신이 상대보다도 우월하다고 생각한 경우이거나 혹은 관계를 전혀 무시하는 경우이다.

중동에서 대기업 주재원으로 일하던 김 과장은 당시에 그 지역에 진출한 한국의 한 중소기업과 하도급 계약을 맺고 프로젝트를 진행하고 있었는데, 당시 김 과장은 자신이 너무나 우월한 지위에 있다고 생각했는지 그 중소기업 담당자인 이 차장을 하대하고 서로 좋지 않은 관계로 지냈다. 그리고나서 프로젝트는 별 일 없이 종료되었고 각자 회사로 돌아갔다. 그로부터 7년이 지났다.

김 과장은 김 부장으로 승진해서 프로젝트 책임자가 되었고 아시아 지역 베트남에서 수주한 프로젝트를 위해 베트남의 발주사 담당자를 만나러 가게 되었다. 그런데 그 자리에 나온 사람은 바로 7년 전 만났던 이 차장이었다. 자신의 하도급사 담당자였던 이 차장은 5년 전에 지금의 발주사로 자리를 옮겼고 이제 이사로 승진해서 발주사 프로젝트 총책임자가 되어 있었다. 만일 김 과장이 이 차장과 좋은 관계를 맺었더라면 지금은 더 좋은 관계가 형성되었겠지만 이제 발주사 이사가 된 이 차장과 좋은 관계가 되기는 어려울 것이다. 이 사실을 알게 된 회사는 김 부장을 다른 자리로 옮기고 다른 담당자로 교체했다.

● Key

어떤 상황에서도 좋은 관계를 만드는 것은 협상가의 가장 큰 덕목 중 하나이다. 사실 협상가가 협상 기술이 뛰어나서 협상을 잘할 수도 있겠지만 좋은 관계를 형성하는 협상 레버리지 기술은 무엇보다 강력한 협상 파워가 된다. 상대가 관계를 중시한다면 상대에게 관계 자체에 대해서는 배신감을 느끼지 않도록 해야 한다.

# 베풀기 좋아하는 유형

6 ─────────────────────

상대가 매우 경쟁적일 것라고 생각하고 나도 어쩔 수 없이
경쟁적인 관계로 다가섰는데, 의외로 많은 사람들이 저에
게 편의를 베풀고자 했다는 것을 알고 놀랐습니다.

─────────────────────── 9

사람들은 의외로 경쟁적이면서도 상대에게 편의와 호혜를 베
푸는 것을 좋아한다. 그러면서 스스로 만족해하는 것이다. 이
런 유형의 인간을 만나면 협상은 쉽게 풀릴 수 있다. 다행인
점은 이런 유형의 인간이 의외로 많다는 것이다.

...

우리가 흔히 협상 테이블에서는 모두가 경쟁적이고 공격적이

며 한 치의 양보도 없는 상황일 것으로 잘못 알고 있다. 다수의 사람들은 서로 경쟁하거나 공격하는 성향보다는 오히려 상대에게 편의를 제공하면서 도와주는 성향을 보이는 경우가 많다.

협상 테이블에서는 서로 경쟁적이고 긴장 관계이며 쉽게 양보해서는 안 되는 것이라고 깊게 믿는 이유는 경쟁적인 협상 성향을 가진 몇몇 사람들을 만나서 힘들게 협상을 했던 기억 때문일 수 있다. 혹은 협상의 결과가 조직 내에서 좋지 않은 평가를 받게 되자 스스로 조직 내에서 생존하기 위해 자신과 맞지 않는 성향을 가지고 상대를 공격하고 긴장하면서 진행해야만 하는 것으로 믿게 된 이유일 수도 있다.

● **대처 방안**

상대에게 편의를 베푸는 것을 통해서 좋은 협상 결과를 기대하는 경우 상대도 경쟁적인 대화보다는 자신에게 무엇인가 베풀어 주는 협상을 기대한다. 상대가 과거의 좋지 않은 경험에도 불구하고 자신에게 편의와 호혜를 베풀고자 하는 의향이 있다면 이를 신뢰를 쌓아 가는 기회로 활용해야 한다. 만일 상대가 편의와 호혜적인 태도를 취한다고 해서 이를 이용한다면 상대로부터 경쟁적인 협상가들보다 더 냉담한 반응을 얻게 될 것이다.

협상 자리에서는 너무나 긴장되고 손해를 봐서는 안 된다고 생각한 나머지 상대에게 편의를 제공하는 것에 인색할지 모른다. 만일 당신이 먼저 편의를 베푼다면 상대도 당신에게 편의를 베풀지도 모른다. 상대에게 먼저 편의를 베푸는 것도 협상 기술이다. 대부분의 사람은 처음 누군가를 만나면 긴장하거나 머쓱해하기 때문에 선의를 먼저 베풀기는커녕 제대로 인사도 못 한다. 상대에게 선의와 편의를 베푸는 것도 연습이 필요한데 자연스럽게 체화되면 협상을 리드하면서 이끌어갈 수 있다.

기업에서 계약 협상 실장으로 일하면서 수많은 협상 상대를 만났다. 그 중에는 물론 매우 경쟁적인 사람도 있었지만 그렇지 않은 경우도 있었다.

비오는 어느 날 퇴근 무렵 당시 약 3000억 원 정도의 큰 규모의 계약 협상 준비를 하고 있었는데, 상대 회사의 법무 팀장이 차 한 잔하자고 했다. 나는 상대와 앞으로 계약 협상을 어떻게 진행하면 좋을지 이야기할 수 있는 좋은 기회라고 생각했다.

상대도 중요한 계약 협싱을 앞두고 긴장하고 있었기 때문에 서로 인사하고 차 한 잔 나누는 자리는 좋은 기회가 되었다. 서로가 이런 저런 얘기를 나누면서 서로가 하고 있는 업무의 공통된 애로 사항들도 나누었다. 이것을 기회로 향후 긴장되는 계약 협상을 하면서도 서로 신뢰를 바탕으로 무리 없이 협상을 진행하게 되어 처음의 차 한 잔이 좋은 마무리로 이어지게 되었다. 만일 그 비오는 날 만나지 않고 서로 긴장된 관계에서 시작하여 협상을 진행하였더라면 어떻게 되었을지 생각해 본다. 어쩌면 힘든 협상 과정을 거쳤을지도 모르는 일이다.

● Key

　상대가 선의와 편의로 먼저 다가온다면 이를 관계 개선의 기회로 활용하고 이를 악용하지 마라. 필요하다면 내가 먼저 선의와 편의를 제시하여 상대도 선의와 편의를 베풀도록 유도해 본다.

# 칭찬과 인정받기를 좋아하는 유형

**6**

제가 아는 어느 대표님은 사소한 것이더라도 상대에게 언제나 감사하다고 하고, 협상이 있는 자리에서 거의 예외 없이 상대가 베푼 선의나 사소한 친절에도 감사하다는 표현을 빼놓지 않습니다.

**9**

아무것도 아닐지라도 일단 감사하다고 하라. 상대는 그 말로도 기분이 좋아진다. 아무런 감사를 하지 않았다면 그것은 진중한 것이 아니다. 상대는 자기를 싫어하는 것으로 받아들인다.

...

인간은 누군가로부터 칭찬을 받으면 매우 큰 기쁨을 느낀다.

그만큼 칭찬은 인간을 기쁘게 할 수 있고 또한 편안한 감정을 가지게 한다. 만일 누군가로부터 칭찬을 받지 못하는 상황이 계속되면 인간은 불안감을 느끼고 조직에 대한 반감도 가지게 된다.

이러한 인간의 특성을 무시하고 협상 안건만 중요하게 생각하거나 상대에게 특별히 감사할 것이 없다고 생각하여 감사의 표현에 인색하다면 상대는 그만큼 불안해하고 자신의 일과성과를 무시하는 것으로 판단한다. 설사 상대가 크게 잘한 것이 없고 상대에게 감사할 것이 없다고 하더라도 사소한 일에 대하여 감사 표현을 하는 것은 상대의 이러한 본능적 감정을 건드리는 것이어서 매우 중요하다.

● **대처 방안**

협상 상황과 같이 서로 매우 긴장하고 대립하는 상황에서 사소한 것이더라도 감사 표현을 하면 상대는 그만큼 감정과 생각이 더 유연해질 수 있다.

사실 너무 감사 표현을 남발하는 것은 좋지 않고 역효과를 부르겠지만 아예 감사 표현을 하지 않는 것은 상대와 지속적인 긴장 관계만을 유지하는 것과 다름이 없다. 감사 표시나 상대의 공적을 인정하는 표현을 전혀 하지 않으면 불필요한 오해와 부정적 감정을 불러일으킨다. 그러한 경우 아무리 상대에게 좋은 제안을 해도 상대는 부정적이거나 무관심해질 우려가 있다. 상대는 자신에게 감사 표현을 하지 않는 것을 이유로 마음은 점점 상해 가고 협상 자체에 대해 무의미하게 생각할 수 있다.[9] 빈말이더라도 상대에 대한 감사, 인정, 존경의 표현을 하는 것은 매우 중요하다.

"지난번 주신 정보로 내부에서 검토회의 일을 할 때 큰 도움이 되었습니다."

상대는 무슨 얘기인지 잘 모르더라도 이미 얼굴 표정이 밝아지기 시작한다. 입꼬리가 올라가고 상대는 나에게 호의적인 얼굴 표정을 짓는다.

"아, 네. 도움이 되었다니 다행입니다."라고 상대는 얼버무리면서 이제 자기가 칭찬을 하거나 아니면 최소한 뭔가 양보라도 해야겠다고 생각할 것이다.

당신의 감사 표시 한 마디가 협상을 쉽게 풀어갈 수도 있다. 게다가 비용도 한 푼 들지 않지 않는가. 인간은 대부분 빈말이더라도 칭찬을 받거나 인정을 받으면 기분이 좋아지고, 긍정적인 판단을 할 가능성이 높아진다.

● Key

상대에게 감사하다고 표현하면 협상을 해나갈 때 대화가 부드럽게 이어지며 협상 분위기를 이끌어 준다. 상대가 내 말에 합의할 수 있는 가능성을 높여 주는 것이다.

---

9 _ 『원하는 것이 있다면 감정을 흔들어라(원제: Beyoung Reason: Using Emotions as You Negotiate, 다니엘 샤피로·로저 피셔 지음, 한국경제신문사 펴냄, 2013)』를 참고하기를 바란다.

# 사회적 지위가
# 중요한 유형

6 ───────────────────────────

제가 아는 대기업 부장님은 스스로의 지위에 대하여 매우
자랑스럽게 생각하고 있었습니다. 거의 대기업 회장님 수
준으로 말이죠.

───────────────────────────── 9

현대 사회에서 사회적 지위는 개인에게 매우 더 중요해졌다.
상대의 지위를 높여 주는 말을 하면 상대는 자신의 지위가 인
정된다는 사실에 매우 감동한다. 왜 아부가 통하는지 사실 심
리적으로 매우 근거가 있는 것이다.

인간은 성인이 되고 사회생활을 시작하면서 혹은 사회생활을

하지 않고 있더라도 나름대로의 사회적 지위와 체면을 가지게 된다. 사회적 지위는 어느 정도 객관화되지만 개인이 생각하는 주관적 지위는 모두 다르다. 주관적으로 생각하는 스스로의 지위는 매우 민감한 것이어서 협상 도중에 상대가 생각하는 지위에 대하여 잘못 평가하면 매우 큰 대가를 치르게 된다. 즉 주관적 지위에 대하여 사회적으로 받아들여지는 객관적인 지위를 적용하고 상대를 대하는 경우 상대는 큰 모욕감을 느낄 수도 있다.

상대는 스스로가 생각하는 주관적 지위를 매우 높게 생각하고 있는데 이를 낮게 평가하여 상대를 대하면 상대는 불쾌해하고 자신을 모욕하는 것으로 생각한다. 이러한 인간의 특성을 잘 모르고 대하면 곤욕을 치를 수도 있으나, 이를 잘 이용하면 상대가 내 편에서 긍정적이고 우호적으로 생각하게 만들 수도 있다.

● **대처 방안**

상대가 스스로 생각하는 지위를 잘 간파하고 이에 적절하게 대응해 주거나 혹은 이보다 약간 더 높게 평가해 준다면 상대는 매우 큰 기쁨을 느낄 것이다. 상대가 가진 사회적 지위가 객관적으로 그리 높아 보이지 않는다 하더라도 그 지위를 높게 평가해 주면 상대는 자신의 일과 소속에 대하여 보람을 느끼고 상대가 그만큼 자신을 소중하게 생각해 준다고 여긴다. 그러한 상대가 주관적으로 느끼는 사회적 지위라든지 존재감 그리고 자신이 스스로 생각하는 정체성인 아이덴티티Identity가 스스로 침해당했다고 생각할 때는 감정을 폭발시키는 핫 버튼Hot Button과 같은 작용을 하게 된다. 상대의 이 핫 버튼을 자신이 잘못 누르게 되면 상대 감정이 폭발하여 당분간은 이성적인 대화를 하기 어려워진다.

어느 아시아 지역 건설 현장에서 그 지역의 건설업체를 하도급 업체로 고용하여 공사를 진행하던 한국의 대기업 건설회사의 한 간부는 그 지역의 건설업체 사장과 협상을 진행하면서 큰 실수를 저지르게 되었다. 대기업 건설회사 간부는 지역의 건설업체가 중소 규모라는 이유로 그만 그 회사의 사장도 다소 낮게 대우했던 것이다. 자신이 속한 회사는 대기업이고 그 로컬 건설업체를 고용한 회사이기 때문에 상대 회사를 그 정도로 대우하는 것은 객관적으로 볼 때 크게 잘못된 것은 아니라고 생각했다.

그러나 건설회사 사장은 그 지역에서는 이름 있는 유지였고 자신이 세운 회사를 매우 자랑스럽게 생각하는 회사의 주인이었다. 또한 건설회사는 이번 프로젝트를 원만히 진행하는 데 없어서는 안 되는 회사였다. 건설업체 사장을 하대한 것은 아니었지만 그 사장이 주관적으로 생각한 만큼의 지위를 인정하고 그에 따라 높게 대우한 것은 아니어서 사장은 크게 마음이 상하고 진노하여 프로젝트를 진행하는 데 부정적 영향이 미치게 되었다.

이러한 사실을 뒤늦게 알게 된 대기업 간부는 그 사장의 마음을 돌리고 프로젝트를 원만히 진행하기 위해 애를 먹게 되었다. 이런 사실을 미리 알고 그 사람이 주관식으로 생각하는 지위에 걸맞은 대우를 했더라면 건설회사 사장으로부터 상당한 지원과

간접적인 도움을 받을 수 있었는데 매우 아쉬운 일이었다.

● Key

협상 상대가 있다면 그 사람 스스로가 생각하는 주관적인 사회적 지위에 주목해서 그에 따라 상대를 대우해야 한다. 당신이 객관적으로 생각하는 상대에 대한 대우는 사실 중요하지 않다. 상대가 주관적으로 생각하는 사회적 지위를 높이고 인정해 주는 것만으로도 협상은 더 잘 풀린다.

# 욕망으로 가득찬 유형

**6**

제가 아는 김 부장님은 승진 욕구로 가득차 있었어요. 협상도 자신의 승진 욕구와 관련된 것이었습니다. 그런데 다른 거래처의 최 상무님은 늘 전전긍긍해서 도무지 협상의 진도가 나가지 않았습니다.

**9**

모든 인간은 나름대로의 욕망이 많은 존재이다. 그래서 그들과 다양한 협상이 가능하고 반전도 생기는 것이다.

...

인간이 욕망을 가지고 있다는 점은 협상을 할 때 가장 좋은 힌트를 준다. 상대가 어떤 욕구, 욕망 혹은 희망을 가지고 있는지 알아내는 것은 상대에게 어떻게 제안을 하는 것이 가장 좋은지 알수 있게 해 주기 때문이다. 그러나 대부분의 초보 협상가들은 상대가 인간으로서 그런 욕망을 가지고 있다는 점을 간혹 무시한다. 그래서 협상의 문제나 안건 자체의 논리와 근거 제시에 너무많은 에너지와 시간을 쏟으면서 더 나은 협상 결과를 만들어내는것에 실패하게 된다.

상대의 욕망은 쉽게 드러나지 않는 것이어서 상대가 가진 욕망의 단서를 알아내기란 쉽지 않다. 그래서 협상에 뛰어난 사람들은 언제나 상대의 욕망을 알아차리는 능력이 뛰어난 사람들이다. 말을 너무 많이 하거나 상대에 대한 관심보다 자신의 의견을피력하는 데 중점을 두는 사람들은 대게 상대의 욕망을 알아내는데 실패한다. 상대에게 나의 의견을 설득하는 데 너무 많은 에너지가 집중되어 있어서 상대가 가진 욕망을 알아내는 데 실패하기때문이다.

● **대처 방안**

상대가 만일 욕구나 욕망으로 가득차 있지만 구체적으로 그것이 무엇인지 막연하다면 상대에게 그 욕구를 채워 주는 대가로무엇을 줄 수 있는지 직간접적으로 확인해 보는 접근도 좋을 것이다.

"제가 이런 옵션으로 가능한데 그러려면 대금 지급 조건이 지금의 45일에서 15일로 줄여야 합니다."라든지, "원하는 조건으로 계약을 하시려면 올해 수량이 15% 정도 늘어나야 합니다" 등으로 상대가 어떤 것을 들어 줄 수 있는지 테스트해 보는 것이다.

만일 상대가 숨겨진 욕구와 욕망이 구체적으로 있지만 이를 직접 표출하지는 않는다면 상대의 주장이나 요구에 대해 대화하기보다는 상대의 숨겨진 욕구나 욕망이 무엇인지 알아보는 질문을 간접적으로 혹은 직접적으로 해 보는 것이 좋다. 상대가 바로 자기 마음속 얘기를 하지는 않겠지만 상대의 반응을 살피면서 관심을 가질 만한 다른 제안을 해 본다면 합의에 이르는 실마리를 찾을 수 있을 것이다.

예를 들어 승진 욕구와 이에 대한 걱정으로 가득찬 임원 후보 부장이 가격 단가 인하만 요구한다면 식사나 차를 마시면서 다음과 같은 질문을 해 볼 수 있다. "부장님도 임원 승진하셔야 할 텐데요. 그나저나 회사의 임원 승진 기준이 되는 가장 중요한 것은 무엇인가요?" 그러면 부장은 "우리 회사는 협력업체와의 거래에서 아무런 잡음이 나지 않아야 해요. 잡음은 임원 승진에 걸림돌이 됩니다. 우수한 품질은 그다음 문제 같더군요."라고 말할 때 이 말에서 힌트를 얻을 수 있다.

"부장님, 사실 가격 단가는 쉽지 않지만 우리 회사가 제시할 수 있는 무상의 제품 유지 보수 서비스들이 있습니다. 도움이 될 것 같습니다."라고 제시해 보라. 부장은 가격 단가를 인하시켜 실적을 쌓고 싶어 했지만 협력업체가 제공할 수 있는 무상 서비스를 확보하여 공정한 거래와 더 나은 서비스라는 실적을 쌓을 기회를 마련하게 되는 것이다.

● Key

상대의 주장이 아닌 숨겨진 욕구를 찾아내는 질문을 하라. 식
사자리나 비공식적인 자리를 충분히 활용하면 된다.

# 이기는 협상만
# 해야 하는 유형

6 ─────────────────

저의 협상 상대인 최 상무님은 항상 지기 싫어해서 협상 테이블에서 가져갈 무언가를 만들어 가죠. 마지막 순간에 양보할 안건을 던져 주고 칭찬해 주면 아주 좋아합니다.

───────────────── 9

상대가 이겼다고 생각하게 하라. 그러면 모든 것이 쉬워질 수 있다. 비싼 가격을 다시 디스카운트하면 구매자는 스스로가 이겼다고 생각한다. 같은 가치이더라도 상대가 이겼다는 느낌이 들도록 해 주라.

인간은 수만 년 동안 자신이 속한 조직이 다른 외부 조직과의 경쟁에게 이기거나 혹은 타협을 통하여 동등하게 연대하거나 혹은 복종의 대가로 분명한 보호가 있을 때 스스로 안심하도록 진화되어 왔다. 그렇기 때문에 외부와의 경쟁에서 지거나 혹은 보호의 대가가 없는 경우에는 극도의 생존 불안을 느끼게 된다. 그러한 의미에서 인간은 본능적으로 스스로 지는 것을 위협으로 받아들인다. 별 의미 없는 논란거리도 상대와 경쟁이 붙는 경우 이기는 것에 집착하여 서로의 협상을 어렵게 만든다. 이러한 특징은 협상에서 좋은 전략을 만들어 준다. 즉 상대가 지지 않았고 협상 결과에서 더 나은 것을 가져갔다고 여기게 된다면 상대로부터 좋은 반응과 함께 협상 결과를 더 좋게 만들어 갈 수 있다.

● 대처 방안

일전에 기업에서 계약 협상을 하면서 만나게 된 IT 기업의 우직하면서도 고집스러운 김 과장은 협상에서 반드시 이기는 협상을 해야만 했다. 아무리 불리한 협상도 자신이 무엇인가 이루어낸 것이 있어야만 하고 상대에게는 최소한 약간의 패배를 안겨 주어야 한다. 사실 김 과장은 유리한 입장이 아니어서 협상을 통해 가져갈 상황은 아니었지만 최종적으로 이겼다는 느낌이 들도록 하는 것이 중요했다. 그렇다고 일부러 그런 상황을 만든다는 것은 어려운 일이며 인위적으로 상대가 마치 이긴 것처럼 만드는 것은 상대를 오히려 기분 상하게 할 수도 있다.

협상이 막바지에 이르자 상대는 초조해하는 눈치였다. 일단 상대가 스스로 이긴 협상이라는 생각이 들게 하는 것이 중요하다는 판단에 마지막에 이런 말을 전했다.

"이번 계약 협상은 과장님께 양보하지 않을 수 없었네요. 이번 조건은 특별히 과장님 때문에 저희가 양보하게 되었습니다."

"아, 그런가요? 하하, 죄송합니다."

김 과장은 머쓱해 하면서도 으쓱해했다. 사실 그 과장에게 양보한 제안은 언제든지 양보할 수 있는 조건이었다. 상대가 기필코 이겨야만 한다면 그런 생각이 들도록 해 주는 것도 협상에 있어서 레버리지 기술이다.

상대가 매우 경쟁적인 상대라면 상대가 스스로 이겼다고 생각할 수 있도록 양보해 주고 당신에게 더 중요한 것을 얻어내도록 해 보라. 먼저 사소한 양보를 통해 상대를 의기양양하게 해 줄 수도 있고, 마지막 순간에 상대가 좋아할 만한 것을 양보해서 체면을 세워 주는 것도 좋을 것이다. 협상은 객관적인 판단보다는 서로가 생각하는 주관적인 만족이 중요하다는 점을 잊지 말아야 한다.

● Key

이기는 협상을 중요하게 생각하는 유형의 협상 상대라면 최소한 이겼다는 기분이 들도록 만들어 주어라. 협상의 최종적인 순간에 상대의 체면을 살려 주고 더 많은 것을 가져오면 된다.

# 배신도
# 주저하지 않는 유형

> 상대를 믿었어요. 상대와 오랫동안 협상을 진행해 오면서 그런 행동을 하리라고는 생각하지 못했습니다. 어떻게 해야 좋을지 모르겠습니다.

때로 너무 쉽게 상대를 배신하거나 신의를 저버리는 사람들이 있다. 그들은 생각 구조가 어쩌면 보통 사람들과는 다를지 모른다. 협상 테이블에서 이런 사람들은 언제든 만날 수 있다.

...

협상을 진행하는 도중이거나 혹은 협상이 다 끝나고 실행에 옮기는 단계에서 뜻하지 않게 실망을 하는 경우가 생긴다. 바로 상대가 나와의 신뢰를 저버리고 다른 행동과 말을 하는 것이다. 예를 들어 중요한 안건에 대하여 양보를 해 주는 조건으로 나의 요구를 들어 주기로 하고 회사 내부의 승인을 모두 받기로 한 상대가 그렇게 하지 않는 것이다. 혹은 다른 말과 행동으로 나를 오히려 우습게 만드는 경우이다. 상대는 이런 행동에 대하여 전혀 죄책감도 느끼지 않는다. 사실상 나를 철저히 배신한 것임에도 말이다. 이런 협상 상대는 만나지 않는 것이 최선이겠지만 협상을 이어 나가거나 거래 관계를 지속해야 한다면 이에 대응하는 것이 중요하다.

상대를 배신하는 사람의 특징 중 하나가 스스로는 배신을 하지 않았다고 생각하는 것이다. 이들은 협상이라는 것이 원래 상대로부터 최대한 얻어 내는 것이 영리한 행동이라고 믿는 유형이다. 상대가 실망을 하든지 아니면 배신감을 느끼든지 별로 상관하지 않는다. 그러므로 상대가 이런 유형의 사람은 아닌지 평판이나 초기 협상 단계에서 알아볼 필요가 있다.

● **대처 방안**

상대의 신의를 저버리지 않으면 협상에서 큰 이익을 얻기 어렵다고 생각하는 유형의 사람들은 심심치 않게 찾을 수 있다. 상대는 조직 내에서 받는 압박이 컸을 수도 있고 혹은 이런 방법으로 과거에 몇 번 성과를 냈기 때문일 수도 있다.

만일 상대가 배신을 하거나 혹은 그와 유사한 행동을 할 가능성이 보인다면 그 사람에 대하여 철저히 대비하여야 한다. 대표적인 조치로 상대가 내가 요구한 사항을 이행하지 않는다면 이때까지 협상한 모든 내용을 무효로 한다는 점을 명백히 밝혀 두는 것이다. 또한 계약 내용에도 상대에게 내가 요구한 사항을 지키지 못할 경우 계약상 어떤 효력을 발휘하는지도 밝혀 둘 필요가 있다. 물론 이러한 대응은 상대의 행동에 대해 어느 정도 보조를 맞추어 진행하여야 한다. 상대가 약간 어리석은 행동을 했다고 해서 너무 강력한 조치를 하는 것은 오히려 상대를 놀라게 할 수도 있다.

어느 대기업 김 과장은 한 외국업체 최 차장과 계약 협상을 진행하고 있었다. 김 과장은 최 차장과 서로 말이 잘 통했는지 상당 부분 양보하면서 이제 자신이 양보받고자 하는 조건을 최 차장에게 요구할 참이었다. 그러나 최 차장은 갑자기 태도를 바꾸어 자신이 다른 팀으로 발령이 나서 새로 온 이 부장이라는 사람이 나머지 일을 맡게 될 것이라고 했다. 처음에는 어쩔 수 없는 일이라고 생각했으나 이 모든 것이 최 차장이 의도적으로 꾸민 일이라는 것을 알게 되었다.

김 과장은 고심 끝에 새로 만난 이 부장에게 자신이 요구하는 계약 조건을 관철해 주지 않는다면 그동안 양보한 모든 내용을 없던 일로 하겠다고 전했다. 때로는 상대에게 단호한 태도를 취하는 것도 중요하다. 상대가 자신과의 신뢰를 저버리는 경향이 있다면 특히 중요한 순간에 단호함을 보여야 한다. 당신의 단호한 협상 기술은 위기의 순간에 상대를 리드할 수 있을 것이다.

● Key

협상 테이블에서 배신할 수 있는 상대에 대해서는 사전에 대비를 하라. 협상에서 상대에 단호한 모습을 보여 주는 것도 필요하다.

# 극단의 악의적 방법도 마다하지 않는 유형

> 사실 저는 좋은 사람들과 협상을 해 왔는데, 최근 전혀 다른 부류의 사람을 만났습니다. 자신의 이익을 위해 저의 상황을 완전히 도외시하는 사람이었어요.

인간의 착한 본성을 믿어야 하겠지만 애석하게도 그렇지 않은 부류의 사람들도 있으며 때때로 협상 테이블에 그런 부류의 사람들이 당당히 나타날 것이다. 기존의 방법과 다르게 접근을 하지 않으면 당신은 상처받을 것이다.

...

협상 대상으로 꼭 다루어야 하는 유형이 있다. 바로 어떠한 경우라 할지라도 상대를 악의적으로 공격하는 유형의 인간이다.[10] 혹은 나와 지속적으로 경쟁하면서 수단과 방법을 가리지 않고 상대를 완전히 이기는 것이 바로 협상의 본질이라고 생각하는 유형이다.

누구나 한 번쯤은 협상 결과에 현혹되어 상대에게 좋지 않은 방법을 사용할 수도 있지만 만일 수단과 방법을 가리지 않고 끊임없이 압박하거나 인신공격을 하거나 거짓말을 시도하는 사람을 만나면 방법을 바꾸어야 한다.

● **대처 방안**

일단 이런 유형의 인간을 만나지 않는 것이 최상책이다. 만일 이런 유형의 인간을 만났다고 생각한다면 즉시 이들을 대적할 만한 협상가로 교체하는 것이 좋다. 만약 교체가 어렵다면 철저하게 방어적인 자세로 대응하여야 한다. 상대가 자신을 괴롭히고 이로 인해 어떤 이득을 취하는 한, 자신도 이에 응징하는 자세를 취하겠다는 것을 명시적 혹은 간접적으로 전달하는 것이 좋다.

예를 들어 상대에게 법적인 조치를 취할 수도 있다는 점을 직접 혹은 간접적으로 알릴 수 있다. 혹은 무리를 해서라도 그런 상황을 피하고자 한다면 상대 조직의 상급자에게 문제 제기를 하겠

---

10 ＿ 상대가 악마처럼 보일 때 어떻게 협상해야 하는지에 대하여는 『Bargaining with the Devil; When to negotiate, When to fight(Mnookin, Robert 지음, Simon & Schuster 펴냄, 2011)』를 참고해 보길 바란다.

다는 점을 전달하는 것도 마지막 수단으로 할 수 있는 조치일 것이다. 비정상적으로 공격하는 인간의 유형에 대하여는 더 전문적이고 경험이 많은 협상가가 나서도록 하는 것이 가장 좋을 것이다.

우리나라 각 기관이나 회사에 전문적인 협상 훈련을 받은 사람의 수가 적다는 점을 생각하면 상대가 비정상적인 악의적 방법으로 공격해 올 때 순진하거나 마음이 여린 사람들이 속절없이 정신적 상처를 받는 경우를 많이 본다.

위의 트릭 협상가 혹은 악마적 협상가는 언제든 만날 수 있다. 그런 협상가로부터 휘둘리지 않기 위해서 호의적 협상 기술은 통하지 않는다는 점을 염두에 두어야 한다.[11]

● Key

악의적 의도를 가지고 내응하는 상대에 대하여는 전문적 협상가가 대응하거나 철저하게 준비하여 이에 대응하여야 한다.

---

11 _ 상대가 사용하는 트릭에 대한 대처 방안은 이 책의 '제6장 상대가 반칙을 한다면'을 참고하기를 바란다.

제3장 Key Point

- 협상 테이블에서 만날 수 있는 다양한 인간 유형에 대하여 미리 파악해 두어야 한다. 상대가 어떤 유형에 속하는지 미리 알아 두고, 상대에게 어떤 협상 기술이 유용할지 사전에 충분히 파악하라.
- 협상 테이블에서 형성된 좋은 관계는 협상을 레버리지하는 힘이 된다. 그 반대의 경우 당신의 협상을 망칠 수도 있다.
- 당신에게 지나치게 경쟁적이거나 악의적 술수를 쓰는 인간에 대하여도 충분히 대비를 하고 있어야 한다. 협상 테이블에서는 20가지 유형의 사람들을 언제든 만날 수 있다.

제4장

# 어떻게
# 협상할 것인가
## ― 협상 기술들

협상은 상대로부터
합의를 이끌어내는
체계적 기술이다.
17가지 협상 기술을
충분히 활용하라.

# 협상판을
# 미리 셋업하라

6

처음 만났을 때 우리 기술을 자세히 설명하지 않았다면 이
번 클레임 협상에서 크게 애를 먹을 뻔했습니다. 상대가
우리 기술을 잘 이해한 덕분에 제품에 발생한 문제를 잘
이해해 주었어요.

9

이미 많은 것이 정해진 협상장에 들어가는 것은 정해진 결과
에 동의하러 가는 것과 같다. 그러므로 협상하기 전 최대한
협상하기에 용이한 상황을 만들어 두어야 한다.

...

상대를 처음 만나 협상을 시작할 때 협상판 전체를 설정하는

것이 중요하다. 협상을 많이 경험해 본 사람들은 협상장에 들어서는 순간 이미 많은 것이 결정되었다는 것을 알 것이다. 협상 테이블에서도 물론 최선을 다하겠지만 그런 노력이 결과에 큰 영향을 주지 않을 수 있다는 점은 협상가에게 큰 부담이 된다.

대부분 협상은 초기에 어떻게 설정되었는지가 매우 중요하다. 즉 협상이 시작되기 전 상대와 인사를 나누고 서로를 알게 되는 과정이 협상에 큰 영향을 줄 수 있다. 서로 갈등상태에서 협상판을 설정한다면 이미 늦은 것이다. 갈등과 긴장 관계가 형성되지 않았을 때 상대에 대한 인식이나 관점을 좋은 방향으로 만들어 둘 수 있다면 향후 갈등과 대립 국면이 생기더라도 나의 제안이 잘 전달될 수 있다. 그러나 상대가 먼저 협상판을 설정하는 경우 협상은 상대의 뜻에 따라 움직일 가능성이 높다.

협상 테이블에 나서는 많은 협상가들이 이러한 점을 간과하고 협상 테이블에서만 협상이 일어나는 것으로 알고 협상에 임한다. 그래서 협상을 오히려 어렵게 이어가는 것일 수 있다. 고수들은 협상할 일이 생기기 전에 이미 협상을 유리하게 이끌어갈 판을 짜두고 있다. 당신이 고수가 되려면 일단 협상이 일어나기 전부터 당신에게 유리한 상황을 만들기 시작해야 한다.

...

우선 협상을 시작하기 가장 좋은 시점이 언제인지 살펴보자. 협상의 고수일수록 비교적 이른 시점에서 협상을 시작한다. 상대를 만나기 오래전부터 협상에 유리하도록 조치해 두는 것이다. 큰 프로젝트를 앞둔 관리자나 임원이라면 상대를 만나기 전에 미리 추후에 이루어질 협상에 대비하여 필요한 조치를 해야 한다.

구체적으로는 나에게 유리한 사람들과 인사를 나누는 방법이 있다. 내 편에서 나를 지지해 줄 사람들을 만들어 두는 것이다. 중요한 안건이나 이해관계자 중 주요인물에만 집중하는 사람들이 많다. 그러나 많은 경우 중요한 안건이나 주요인물에 의해서만 의사 결정이 이루어지는 것은 아니다. 상대편 조직의 의사 결정권자들은 주변 사람들에게 의견을 묻는다. 그러한 경우에 중요하지도 않고 직급도 낮은 사람들이 비록 협상 당사자도 아니고 의사 결정권자도 아니지만 당신에 대해 좋지 않게 평가한다면 당신에게 불리한 상황이 전개될 수 있다.

상대 회사를 방문해 협상하게 된다면 당연히 상대의 주요 협상 당사자들과 의사 결정권자들을 잘 살피고 주의해서 대응해야 하겠지만 상대 회사의 비서나 행정 보조 직원들도 유의해서 대응해야 한다. 그 사람들도 당신을 평가하고 관찰하기 때문이다. 만일 그 사람들을 과소 평가하고 잘못 대하면 그 부정적 평가가 고스란히 당신에게 돌아갈 수 있다.

# 체계적으로
# 협상하라

**6** ──────────────────────

협상 기술을 배우기 전에는 협상할 때 아무 생각이 나지
않았어요. 다른 업무는 업무 계획이 머릿속에 척척 떠오르
고 업무도 자신 있게 진행했는데 말이죠.

────────────────────── **9**

협상에는 체계도 없고 연구된 바도 없다고 믿는 사람들이 너
무 많다. 그들은 이미 발달된 협상 체계를 접하면 모두 놀라
고 만다.

• • •

협상하면서 일어날 수 있는 여러 상황과 협상 대상의 유형을
파악했다면 그 다음 관건은 어떤 기술을 활용할 것인가이다. 협상

기술은 상대와 마주했을 때 좋은 결과를 이끌어내게 한다.

평생 동안 협상을 제대로 배운 사람은 없다. 그만큼 협상 기술을 제대로 배우면 협상을 통해 자신의 능력을 크게 레버리지할 가능성이 매우 높다는 이야기이다. 지금이라도 당장 협상을 제대로 공부하고 자신만의 협상 기술을 키워 볼 일이다.

협상은 심리학과 뇌 과학을 바탕으로 발전해 가고 있다. 협상은 어떤 의미에서는 다양한 기초 학문을 바탕으로 한 응용과학이라고 해도 과언이 아니다. 대표적인 기관으로 Program On Negotiation(하버드 협상 프로그램, 협상 연구와 교육을 하는 프로그램)은 오늘도 계속 새로운 협상법과 연구 관련 자료를 쏟아내고 있다.

최근 들어서는 협상과 관련된 새로운 기사와 논문들도 계속 나오고 있다. 체계적인 협상법을 모르는 사람들은 아직도 우물 안 개구리처럼 자신이 경험한 단편적인 방법으로 협상 기술을 적용하고 있다.

…

강의 중에 그런 사람들을 종종 만난다. 그중에서도 고집이 센 사람들은 자기만의 협상법이 있다며 목소리를 높이기도 한다. 물론 경험하고 생각한 것을 토대로 자기만의 협상법을 만드는 것도 중요하다. 그런 협상법은 어느 누구도 가지지 못한 자산이 될 수 있다. 그러나 그런 방법을 스스로 개발하는 데 너무나 많은 시간을 들이는 것은 비효율적이고 가능하지도 않다.

전 세계적으로 이미 많은 석학들이 협상법에 대해 연구하고 있고, 심리학과 뇌 과학의 발달과 더불어 많은 자료들이 쏟아져 나오고 있다. 이러한 연구 결과들을 최대한 활용하는 것이 더 현명할 것이다. 이 책을 통해서 체계적인 협상법을 배우고 공부해야 하는 이유이다.[12]

한번 체계적으로 머릿속에 정리되면 그다음부터는 다른 협상법들도 잘 이해될 뿐만 아니라 협상 체계를 실무에 적용하고 응용하면서 급속도로 자신의 협상 역량이 향상된다.

외국 법인에서 근무하던 현지 변호사가 협상을 왜 배우는지 궁금해 했다. 아마도 스스로 경험하고 공부해서 자신의 역량을 향상시킬 수 있다고 생각한 것 같다. 물론 능력이 뛰어난 사람이라면 시간이 지나면서 역량이 커지는 것은 당연하다. 그러나 직장생활 초기에 협상을 체계적으로 공부한다면 자연스럽게 협상 역량이 커지는 시간을 절약할 수 있다.

---

12 _ 이 책은 Harvard Law School에서 발행하는 〈Negotiation〉 Journal과 Program On Negotiation(PON) 홈페이지(https://www.pon.harvard.edu/)그리고 저자가 참석했더 Harvard PON이 주관하는 각 세미나의 내용들을 참고하고 있다. 하버드 대학의 연구 결과 등을 추가적으로 알고자 하면 위의 Journal과 전략적 협상 연구소 홈페이지(http://www.snrlab.com)를 참고하기를 바란다.

# 상대의 욕망과 근심을 살펴라

6 ─────────────

상대는 협상 내내 고집을 부리다가 뜻밖의 제안을 수용하더군요. 저는 정말 놀랐습니다. 상대가 그 제안을 받아들일 줄은 몰랐거든요.

───────────── 9

협상 테이블에서 논리와 근거를 찾는 것에 너무 집중하기보다 인간의 본성과 숨어 있는 욕구 그리고 그들 내면에 있는 걱정과 근거 없는 공포에 집중하라.

...

협상에서 입장이나 주장의 대결로는 승산이 없을 확률이 높다. 상대는 자신의 입장이나 주장을 관철시키기 위해 설득하고 압박을 가할 수 있다. 또 나는 나대로 내 입장을 논리적으로 설득하기 위해 상대를 압박하거나 회유할 수도 있다. 둘 중 먼저 지치거나 힘이 약한 쪽이 상대에게 굴복하는 것이다. 아니면 두 쪽 모두 팽팽히 맞서다가 5:5 혹은 6:4 정도로 타협할 수도 있다. 둘 다 맞서기만 한다면 협상은 결렬될 수도 있다.

이때 상대방이 가지고 있는 다양한 생각이나 욕구, 걱정거리 등에 관심을 가지고 논의를 시작하면 자신의 입장을 고집하지 않고 더 나은 방향으로 협상을 진행할 수 있는 실마리를 찾을 수 있다. 상대와 내가 표면적으로 주장하는 바에는 서로 잘 알지 못하는 내적 배경이 있다. 이러한 내적 갈등의 배경으로 인해 입장과 주장이 표면화되는 것이어서 상대와 나의 갈등을 해결하기 위해서는 근본적인 내적 배경을 알아야 한다. 서로의 이해관계를 알아가는 것이 중요하다. 이러한 내면의 생각, 욕구, 걱정거리 등을 통칭해서 협상에서는 숨은 이해관계Underlying Interest[13]라고 한다. 이러한 숨은 이해관계는 누구나 잘 드러내려고 하지 않는다. 상대에게 직설적으로 물어 보기도 어색하다. 상대의 숨은 이해관계는 상대가 하는 말과 행동에 대한 관찰과 상대에 대한 질문, 비공식적 자리에서의 대화 등을 종합하여 알아낼 수 있을 것이다. 관찰력과

---

13 _ 숨은 이해관계는 『원제: Getting to Yes(Negotiation Agreement Without Giving in), 로저 피셔·윌리엄 유리·브루스 패튼 지음, 장락 펴냄, 2014)에 잘 나타나 있다. 이 책은 각자의 입장을 내세우기보다는 서로에게 숨겨진 이해관계(Underlying Interest)를 알아 가면서 서로 양보는 적게 하고 만족은 더 크게 할 수 있는 협상에 대해 설명한다.

상대에 대한 질문 기법이 뛰어난 사람이 결국 협상을 더 잘하게 된다.

...

숨은 이해관계에 대하여 공감하면 서로 합의할 수 있는 창의적이고 다양한 옵션을 개발하는 것이 관건이다. 창의적인 옵션의 예로 흔히 드는 것이 오렌지에 대한 에피소드이다.

6살 딸과 8살 아들을 둔 어머니가 장을 보고 오면서 남은 돈으로 오렌지 한 개를 사왔다. 오렌지는 한 개뿐이었지만 남매가 사이좋게 나눠 먹을 것으로 기대했다. 어머니는 남매에게 오렌지 한개를 주면서 사이좋게 나눠 먹으라고 했다. 그러나 남매는 오렌지를 두고 다투기 시작했다. 평소에는 잘 다투지 않았지만 오렌지를 보자 욕심이 생긴 것이다. 오빠도 여동생도 서로 오렌지를 차지하려고 싸웠다. 각자 오렌지를 가지려고 하는 것이 앞서 말한 각자의 입장이다.

서로 다투는 것이 지쳤던 오빠는 오렌지를 정확히 반으로 나눌 것을 제안했고 동생도 이에 동의했다. 어머니는 오렌지를 정확히 반으로 나누어 주었다. 이때 이상한 일이 벌어졌다. 오빠는 예상대로 오렌지 껍질을 버리고 속살을 먹었지만, 여동생은 속살을 버리고 껍질을 가지고 동물 모양을 만들기 시작한 것이다. 사정은 이러했다. 오빠는 오렌지를 먹은 적이 있어서 오렌지를 다시 맛보고 싶어 했고 여동생은 유치원 숙제인 과일 껍질로 동물 모양을 만들고 싶어 했던 것이다.

이 에피소드처럼 서로에게 숨어 있는 이해관계를 알게 되면 서로 손해를 최소화할 수 있고, 나아가 서로에게 이익이 될 수 있다.

강의 중에 이 오렌지 사례를 설명하면 이것은 간단한 케이스라서 그렇다고 말하는 사람들이 있다. 그러나 이 같은 원리는 복잡한 현실에도 적용될 수 있다. 자신이 속한 비즈니스에서 상대 의도, 욕구, 근심, 걱정거리 등을 살펴 다른 창의적인 옵션이 없을지 고민해 보라. 분명히 그 새로운 옵션을 제안할 때 상대는 의외로 큰 관심을 보일 수 있다. 이 같은 옵션이 바로 강력한 협상 레버리지가 될 수 있다.

# 질문으로
# 정보를 얻어라

6 ───────────

상대에게 질문하는 방법을 바꾸었습니다. 예전에는 생각
을 많이 하지 않고 단편적인 질문만 하니 상대도 단편적인
정보만 주었던 것 같습니다. 질문하는 방법만 바꾸어도 협
상은 더 쉬워지는데 말이죠.

───────────── 9

아무 생각 없이 협상을 하다 보면 정보를 얻지 못하거나 정보
를 주기만 할 수 있다. 협상 전에 어떤 질문을 하는 것이 상대
로부터 더 많은 정보를 얻어낼 수 있는지 준비해야 한다.

협상에서의 질문법은 일상적인 대화에서 하는 질문법과는 좀

다를 것이다. 상대로부터 다양한 정보를 얻어 내려면 질문도 보다 전략적이어야 한다. 더군다나 긴장 관계에서 협상을 진행할 때 상대는 정보를 내놓는 것에 민감할 수밖에 없다. 그런 상황에서 질문은 라포rapport가 형성되고 난 뒤에 하는 것이 좋다. 딱딱한 긴장 관계에서 상대가 좋은 정보를 쉽게 내어 주지는 않는다.

질문은 '예, 아니오'로 답하는 폐쇄형 질문보다는 오픈형 질문이 좋다. "저의 이 제안이 마음에 들지 않나요?"보다는 "제 제안보다 더 좋은 제안이 있다면 어떤 것이 있을까요?"라는 질문이 좋다. 혹은 "저의 제안과 다르게 생각하는 부분에 대해 좀 더 자세히 설명해 주실 수 있는지요?"라고 할 수도 있다.

또 다른 질문법으로는 한 단계 뛰어넘어 질문하는 방법이 있다. 프로파일러들의 질문법이기도 한데, 영국 드라마 「셜록 홈즈 Sherlock Holmes」에서 주인공이 자주 하는 질문법이다. 상대에게 한 단계씩 차례로 묻는 것이 아니라 어떤 상황을 미리 짐작하고 그다음 단계의 질문으로 바로 가는 것이다. 예를 들면 "제 제안과 다르게 생각하는 부분이 있으신 것 같은데 알려 주실 수 있나요?"라고 하는 것이다. 이런 질문법은 "제 제안에 동의하시나요?" 혹은 "다른 생각이 있으신가요?"라는 질문을 뛰어넘어 상대에게 새로운 제안이 있다는 점을 직시하고 질문하는 것이다.

...

질문은 스스로 다양한 방법으로 자주 연습해야 한다. 그렇지 않으면 긴장된 협상 상황에서 자연스럽게 질문을 던지기는 힘들다. 질문법을 향상시키는 좋은 방법은 평소 회의나 간단한 대화, 협의를 위한 미팅에서 미리 질문해 보는 것이다. 머릿속으로 생각하는 것과 실제 질문하면서 완전한 문장을 만드는 것은 다르다. 상대에게 준비한 질문을 통하여 어떤 정보를 얻을 수 있는지 확인해 보면서 어떤 질문을 어떤 방식으로 할 때 더 나은 정보를 얻을 수 있는지 확인해 보라. 질문법을 통해서도 당신이 얻고자 하는 것을 더 나은 방향으로 레버리지할 수 있다.

# 콜드 리딩 Cold Reading 하라

6 ──────────────────

상대와 처음 만났을 때의 표정을 잘 기억해 두었더니 많은 도움이 되었습니다. 상대가 감정적으로 동요할 때 변하는 모습을 쉽게 알아차릴 수 있더군요.

────────────────── 9

인간은 아무리 감추려 해도 행동을 숨길 수는 없다. 상대를 잘 관찰하면서 협상해야 하는 이유이다.

...

우리는 협상할 때 대화를 통해 정보를 얻는다. 그러나 실제로는 상대의 행동을 통해 더 많은 정보를 얻을 수 있다. 대화에서 비언어적 정보가 70%가 넘는다는 이야기도 있다. 상대가 주는 비언어적 정보를 얻기 위해서는 상대의 행동을 잘 관찰하면서 협상해야 한다. 그러나 상당수의 사람들이 상대를 잘 관찰하지 않고 상대가 하는 이야기만 들으며 협상 서류를 검토하곤 한다. 이런 경우 상대가 비언어적 행동으로 보내는 신호를 간파할 수 없다.

비언어적 신호를 통해 곧바로 정보를 알아내는 것을 콜드 리딩Cold Reading이라고 한다. 특히 수사관들은 콜드 리딩 훈련을 통해 상대의 의도나 생각, 감정을 읽는다고 한다. 협상가도 마찬가지로 콜드 리딩에 대해 알아둘 필요가 있다. 그 가운데 가장 유용한 몇 가지를 소개한다.

...

첫째로, 상대의 평온한 상태의 표정을 잘 기억해 둔다. 협상이 시작되기 전 표정을 기억하고 있으면 협상이 진행되면서 바뀌는 모습을 통해 상대의 감정 상태를 읽을 수 있다.

둘째로, 상대의 팔 동작을 살핀다. 협상 실습을 해 보면 협상 교육생의 모습 중 팔 동작이 가장 많이 바뀐다. 긴장하거나 감정적으로 동요가 있으면 자신은 의식하지 못하지만 팔 동작이 부자연스러워진다. 남자들은 팔을 떨거나 볼펜을 만지작거린다. 볼펜을 마구 돌리는 것도 같은 맥락이다. 여성의 경우 머리를 쓰다듬거나 팔짱을 끼고 팔을 만지작거리기도 한다.

세 번째는 앉은 자세를 관찰한다. 앉은 자세가 테이블 앞으로 바짝 당겨 있는 경우 상대가 현재의 협상 내용에 집중하고 있다는 것을 말해 준다. 만일 의자 뒤로 몸이 젖혀져 있거나 혹은 다리가 밖으로 나와서 금방이라도 자리를 떠날 것 같은 자세를 취한 다면 협상 내용에 관심이 낮다고 볼 수 있다. 이외에도 상대의 감정과 생각을 알아낼 수 있는 다양한 방법, 즉 콜드 리딩에 관심을 가지는 것이 좋다.[14]

---

14 _ Joe Navarro가 지은 『What everybody is saying』을 참고하기를 바란다.

# 감정을 관리하라

> 상대와 협상을 하다 보면 어쩔 수 없이 서로 감정이 격해질 때가 있습니다. 그럼 저는 바로 협상을 멈추죠. 더 이상 진행하는 것은 소용없거든요.

우리의 감정은 어쩔 수 없이 드러나게 되어 있다. 감정은 저절로 누그러지지도 않는다. 상대의 감정이 격해질 때는 아무 협상도 하지 말아야 한다.

...

협상을 진행하면서 나와 상대의 감정 상태는 매우 중요하다. 사실 감정의 변화가 협상에 가장 큰 영향을 준다고 해도 과언이 아니다. 감정 상태에 따라 서로 다른 결론을 내릴 수 있기에 협상을 진행하는 동안 나와 상대가 더 나은 합의를 이끌어낼 수 있도록 감정을 조절할 필요가 있다.

내 감정을 조절하는 것은 비교적 쉽다. 내 감정 상태를 조절하려면 우선 내게 평온한 상태는 어떤 것이고, 화가 나거나 감정의 기복이 생길 때 어떤 변화가 생기는지 잘 알고 있어야 한다. 만일 스스로 조절할 수 없는 단계로 감정이 치닫고 있다면 협상을 멈추고 잠깐이라도 휴식을 취하는 것이 좋을 것이다.

다음으로 상대의 감정 상태도 잘 살펴야 한다. 상대가 평온한 상태를 떠나 감정의 기복이 생기는 것 같다면 즉시 휴식 시간을 가져야 한다. 함께 차를 마셔도 좋고, 잠깐 밖으로 나가서 바람을 쐬는 것도 좋다. 마음을 안정시키는 글을 읽는 것도 방법이다.

...

『혼자 이기지 마라Getting Past No』를 저술한 윌리엄 유리William Ury는 그런 방법을 '발코니에 가는 것go to balcony'이라고 했다. 여기서 '발코니'는 자신이 가장 평온함을 잘 유지할 수 있는 방법을 뜻한다.

감정을 잘 조절하면 생각은 더 풍요롭고 협상에 있어서는 더 많은 옵션을 생각해 낼 수 있다. 우리 뇌는 평온하고 안전하다고 생각할 때 더 많은 생각과 창의력을 발휘할 수 있다. 만약 화를 내면서 상대를 압박하고 불안하게 하면 상대는 창의적이 될 수 없다. 그렇게 얻은 협상 결과는 보잘것없는 수준에 그칠 것이고 그마저도 곧 다른 협상에서 빼앗길 수 있다.

상대를 평온하게 하고 좀 더 창의적인 협상가로 만드는 것이 중요한데, 그것은 당신 자신에게 달려 있다. 자신과 상대의 감정을 잘 다루기만 해도 더 나은 결과를 가져올 수 있기 때문이다. 그런 기술에는 앞서 말한 것처럼 협상 전 라포rapport 형성, 감사와 인정의 표시, 상대방의 사회적 지위 인정 등이 있다. 그리고 자신의 감정이 동요되거나 화가 나기 시작할 때 어떤 변화가 생기는지 알아 두는 것도 유익한 방법이 될 수 있다.

이처럼 감정 관리는 특정한 하나의 기술이라기보다는 다양한 기술들이 모여서 이루어지는 결과로 볼 수 있다. 만일 당신이 협상의 고수가 되고 싶다면 나와 상대의 감정을 관리하고 조율하는 능력은 필수적이다. 감정 관리의 고수가 되는 것만으로도 협상 레버리지가 절대적으로 가능해진다.

# 서로 다른
# 문화에 대응하라

> 6
>
> 중국 지사에서 현지 직원들과 회식을 했는데, 음식을 많이 남겨서 화가 났습니다. 중국에서는 음식을 조금씩 남기는 것이 예의라고 하더군요. 음식을 남길 만큼 잘 대접받았다는 뜻이라고 하네요.
>
> 9

상대의 문화를 모두 이해할 수는 없지만, 나와 다른 문화에 대해 최소한 즉각적으로 대응하는 것은 자제해야 한다. 내가 오해한 것일 수 있기 때문이다.

...

국제 협상을 할 때 상대가 속한 지역이나 나라의 문화적 특성을 알아두는 것이 중요하다. 요즘에는 다국적 기업이 많아지고 있고, 유튜브 이용자가 엄청나게 늘어나면서 전 세계 문화가 자연스럽게 공유되고 있지만 최근에는 협상가가 속한 조직, 기관, 회사의 문화적 특성이 더욱 중요하다. 우리나라도 기업마다 의사 결정 문화가 모두 다르다. 상대가 내가 속한 조직과 나라의 문화적 특성에 대해 어떻게 이해하고 있는지도 미리 알아둘 필요가 있다. 때로는 잘못된 정보를 통해 내가 속한 조직 및 나라의 문화를 오해할 수도 있기 때문이다.

적어도 자신이 상대하는 회사와 상대가 속한 나라의 문화 가운데 의사 결정 및 의사소통과 관련된 배경은 꼭 알아둘 필요가 있다. 어떤 회사는 상향식 의사 결정 문화를, 어떤 회사는 하향식 의사 결정 문화를 가지고 있을 수 있다. 또 어떤 회사는 전원 합의가 이루어져야 의사 결정이 타결되는가 하면, 어떤 회사는 최고 경영자가 단독으로 최종 결정을 내리기도 한다. 상대의 의사 결정 문화를 잘못 판단한다면 협상 제안 과정에서 일을 그르치게 된다.

중요한 협상을 앞두고 있다면 의사 결정 속도, 의사 결정 단계, 방향성 모두를 미리 파악해 두어야 한다. 해외에서 글로벌 사업을 영위하는 회사라면 나라별, 회사별로 문화 대응 전략을 모두 세워 두어야 서로 다른 문화를 레버리지로 활용할 수 있을 것이다.

# 결렬에 대비한 최선의 대안을 마련하라

처음에는 상대가 우리 의견에 대꾸도 잘 하지 않았어요. 우리는 이 협상이 결렬되더라도 또 다른 대안이 있음을 넌지시 알려 주었죠. 그러자 상대는 바로 태도를 바꾸어 협상에 적극적으로 나섰습니다.

협상이 결렬되는 것을 두려워하지 않도록 항상 조치를 취해야 한다. 그렇지 않으면 상대는 그 사실을 알게 될 것이다.

협상을 진행하다 보면 서로가 지닌 협상 파워가 협상 결과에 상당한 영향을 주게 된다는 것을 알게 된다. 협상 파워에는 정보력과 협상 기술 등이 있지만 결정적인 것은 한마디로 배트나<sup>BATNA;</sup> Best Alternative To Negotiated Agreement라고 할 수 있다. 배트나란 현재의 협상이 결렬되었을 때 내가 혹은 상대방이 취할 수 있는 대안이나 방안을 뜻한다. 현재의 협상이 결렬되었을 때 취하는 대안이므로 협상이 진행되는 도중에 상대에게 제시하는 옵션과는 다르다.

배트나가 얼마나 강력한지는 내가 얼마나 자신감 있고 강력하게 제안할 수 있는지와 밀접한 관련이 있다. 만일 내가 지닌 배트나가 상대적으로 약하다면 자신감 있게 협상을 진행하기가 어렵다.

배트나는 협상이 진행되는 동안 고정된 것이 아니어서 상황이나 서로가 가진 정보 등에 따라 언제든 바뀔 수 있다. 내가 새로운 배트나를 만들어 낼 수도 있고, 상대가 더 나은 배트나를 만들어 낼 수도 있다. 얼마나 배트나를 잘 활용하느냐에 따라 협상 파워가 달라질 수 있다는 점에서 배트나는 협상가가 반드시 준비해야 할 사항이다.

...

협상 강의를 하다 보면 협상 파워가 절대적으로 강한 상대와 협상할 수 있는지 종종 질문을 받는다. 상대가 글로벌 파워가 막강하다든지 세계에서 유일한 공급자라면 그 절대적인 힘에 위축되어 협상은 통하지 않을 것으로 지레 짐작하는 경우가 많다. 그래서 협상에 나서 보지도 못한 채 손해를 감수하거나 무조건 양보해야 한다고 생각하는 경향이 있다. 그런 질문에 나는 다음과 같이 대답한다.

"협상 파워가 막강해 보이더라도 상대에게 더 나은 이익을 제안해 볼 필요가 있습니다."

지금의 제안대로 하면 상대는 100이라는 이익을 얻을 수 있지만, 내가 제시하는 조건을 받아들이면 150이라는 이익을 볼 수 있다고 제안해 보는 것이다. 그런 제안을 할 수 있으려면 지금 진행 중인 협상이 결렬되더라도 다른 강력한 대안이 있어야 한다. 즉 강력한 배트나를 갖추어야 한다. 만일 아무리 궁리해도 더 나은 배트나가 없다면 우선은 상대가 제시하는 조건을 받아들이고 점차 신뢰를 쌓아 가면서 상대보다 더 강력한 배트나를 마련하는 것이 좋다.

반대로 협상 파워가 강한 상대이더라도 장기적인 관계를 통해 형성되어야 하는 신뢰를 다른 누군가와 처음부터 새로 만드는 것은 부담이 된다. 협상 파워가 약하더라도 상대와 장기적인 신뢰가 형성되고 있다면 상대가 함부로 대하기 어려운 이유이다. 상대와의 장기적인 신뢰 관계가 나와의 거래 관계를 지속하도록 만들어 협상 파워를 다시 올려 주는 것이다. 상대가 배트나를 선택하는 것이 불리하도록 만들었기 때문이다.

대부분의 협상에서 누구의 협상 파워가 더 강한지는 배트나에 의해 좌우되는데, 이를 향상시키는 방법을 자신의 조직 특성에 맞게 끊임없이 향상시키는 것은 더 나은 협상 결과를 만들어 내는 방법이 된다.

# 협상 가능한
# 범위를 정하라

❝ ─────────────────────────

저는 상대와 협상할 때 항상 우리 회사 내 이해관계자들의
승인을 먼저 받아 둡니다. 상대와 협상을 원활하게 진행하
기 위해서죠.

───────────────────────── ❞

조직 내에서 협상의 최저점에 대해 동의하지 않는다면 협상
은 아무 의미가 없다. 합의를 위해 계속 양보할 수밖에 없기
때문이다. 협상을 시작하기 전 조직 내에서 조파ZOPA를 설정
하고 동의를 구해야 한다.

...

상대와 협상하면서 가장 어려운 부분 중 하나는 협상에 임하

는 내 목표와 상대 목표를 파악하는 것이다. 상대가 어디까지 양보할 수 있는지 또 나는 어디까지 양보할 것인지 파악하고 준비해야 한다. 이때 협상을 하는 데 있어 양보할 수 있는 최저점에 대하여 내부적으로 명확하게 의사 결정을 해 두는 것이 중요하다.

상대와 협상이 가능하다는 전제하에 상대와 협상 가능한 예측 범위를 조파ZOPA; Zone Of Possible Agreement라고 한다. 조파는 협상 테이블에서 얻을 수 있는 최고치와 협상 테이블을 떠나지 않을 수 있는 최저치를 말한다.

물론 상대도 자신의 조파를 설정할 것이다. 상대와 나의 조파가 겹치는 부분에서 협상은 이루어질 것이며, 겹치는 영역은 예상만 할 뿐 상대가 어느 정도의 조파를 가지고 협상에 임했는지는 끝내 알 수 없다. 나의 조파와 상대의 조파를 예상하면서 협상을 준비하고 협상을 진행하면서 나의 조파를 수정할 수 있다.

...

협상의 최고점 혹은 목표점은 높을수록 좋다. 하지만 최저점 이하로 협상이 이루어질 경우 협상을 결렬하거나 협상 테이블을 떠난다면 이는 상대에게 매우 강력한 협상 수단이 될 수 있다.

만일 조직 내에서 협상의 최저점에 대해 합의가 이루어져 있지 않으면 상대가 밀어붙일수록 최저점은 계속 낮아질 수밖에 없다. 상황 논리와 상대와의 관계를 고려하다 보면 협상이 깨지면 안 된다는 강박관념이 함께 작용하면서 최저점을 계속 낮추더라도 협상을 지속하고자 할 것이다.

과거 우리나라 기업은 해외 글로벌 기업들과 협상하면서 내부적으로 조파를 명확히 설정해 두지 않아서 불리한 협상 결과를 자주 만들었다. 최저점이 정해져 있지 않다 보니 상대의 압력에 대책 없이 당하기만 했던 것이다.

　　만일 협상을 앞두고 있다면 각 협상 안건마다 조파를 설정해 두고 최저점을 분명히 정하라. 상대가 그 이하를 요구하면 과감히 협상 테이블을 떠날 수 있다는 점을 미리 조직 내에서 공유하라. 이는 상대에게는 강력한 협상 파워로 작용할 수 있으며 상대와의 협상 레버리지를 가능하게 한다.

# 상대의 생각에 닻을 내려라

6 ─────────────

상대에게 가격 제안은 항상 어렵습니다. 그러나 먼저 제안을 잘해 둔 덕에 상대는 그 가격에서 크게 벗어나지 않은 가격으로 계약에 동의했습니다.

───────────── 9

누군가 나에게 어떤 정보를 먼저 입력하면 나는 그 정보의 테두리를 크게 벗어나지 못한다고 한다. 인간의 뇌는 그렇게 발달되어 왔다. 그런 의미에서 먼저 제안하는 것은 위험한 일이기도 하지만 좋은 기회로 작용하기도 한다.

...

상대와 협상을 시작할 때 내가 먼저 제안한다면 매우 위험하기도 하지만 매우 좋은 기회이기도 하다. 인간의 뇌는 최초로 얻은 정보에 좌우되는데, 이를 앵커링 효과 Anchoring Effect 라고 한다. 인간의 뇌에 닻을 내린다는 뜻에서 유래한 말이다. 인간의 뇌에 어떤 정보나 단어 혹은 숫자를 먼저 입력하면 그 정보의 테두리를 크게 벗어나지 못한다는 의미이다. 만일 협상을 진행하면서 상대가 의심하지 않고 제안을 받아들인다면 상대의 뇌에 매우 강력한 닻을 내려 준 셈이다.

주의해야 할 것은 그 정보가 신빙성이 있는 믿을 만한 정보여야 한다는 것이다. 예를 들어 상대가 이미 적정한 시장가격을 알고 있고 여타 계약 조건들을 이미 알고 있는데, 너무 높은 가격을 제시하거나 일반적으로 통용되는 계약 조건의 범위를 훨씬 벗어난 조건을 제시하지 말라는 이야기이다.

오래전부터 앵커링 효과는 협상에서 큰 이익을 가져다주는 기술로 널리 사용되어 왔다. 협상 상대가 내가 제안한 정보에 대해 잘 알지 못하는 경우 앵커링 효과는 더 큰 효과를 발휘한다.[15]

---

15 _ 앵커링 효과에 대해서는 『생각에 관한 생각(원제: Thinking; Fact and Show, 대니얼 카너먼 지음, 김영사 펴냄, 2018)』을 참고해 보기를 바란다.

# 제안들 간의
# 차이를 계산하라

❝

첫 번째, 두 번째 그리고 세 번째 제안을 보니 당신이 얼마나 급한지 알겠소. 그렇지만 나는 지금 합의할 생각이 없어요. 당신은 우리가 얼마나 오랫동안 협상해야 합의에 이르는지 잘 알지 못하네요.

❞

수차례 제안이 오가는 경우 제안들 간의 차이는 상대가 어떤 상황인지, 얼마나 더 협상을 이어갈지 짐작하게 한다. 제안들 간의 차이도 전략적으로 미리 설정해 두어야 한다.

...

협상은 단번에 끝나는 경우는 거의 없고, 몇 차례 혹은 수십

차례 제안이 오가면서 합의에 이른다. 이때 오고간 제안의 내용과 그 차이를 분석하면 매우 유용한 정보를 알아낼 수 있다. 예를 들어 집주인이 집을 급히 내놓았는데 집을 매수하려는 사람이 나타났다고 하자. 이때 상대가 계약을 미루면 원래 5억 원인 집값을 4억 5000만 원에 제시하고, 그래도 계약하지 않으면 마침내 더 낮은 가격 4억 2000만 원 정도를 제시할 것이다. 상대가 그래도 계약하지 않으면 집주인은 크게 실망하고 당황해한다. 더 낮은 금액은 어렵기 때문이다.

그러나 집을 급히 팔 필요가 없는 집주인은 어떨까? 상대가 계약할 의사를 보이지 않더라도 집값을 내리지 않는다. 매수 희망자가 조금만 깎아 달라고 요청해도 절대 깎아 주지 않는다. 분명한 매수 의사를 보였을 때 오늘 중으로 계약하면 1000만 원을 내려 주겠다고 제안할 수 있을 것이다.

이 두 집주인의 차이는 무엇인가? 첫 번째 집주인이 제시한 집값 4억 5000만 원과 4억 2000만 원을 통해 집을 급히 팔아야 한다는 의사를 분명하게 보여 준다. 두 번째 집주인은 매도 집값을 낮추지 않고 두 번째 제안 때 조건을 달아 겨우 1000만 원을 깎아 주면서 집을 급하게 팔지 않아도 된다는 의사를 분명히 보여 준다.

···

국제 사업을 하는 사람이라면 상대방 나라에서는 거래를 위한 협상을 할 때 얼마나 많은 제안이 오가기를 원하는지 알 필요가 있다. 거래를 위한 협상에서 오랜 기간 여러 번의 제안이 오가는 것이 관행이라고 믿는 문화 속의 사람과 협상을 할 때, 특히 우리나라 사람들은 주의해야 한다. 상대와 신속하게 합의를 이끌어내려는 의욕이 넘친 나머지 너무 급하게 최저선을 제시하면 나는 더 이상 줄 것이 없는데도 불구하고 상대는 계속 협상을 이어가고자 할 것이다. 예를 들어 협상을 길게 하는 것을 좋아하는 나라의 사람들을 만나 비즈니스 협상을 할 때는 일반적인 경우보다 더 많은 횟수의 협상이 오고갈 수 있다는 것을 염두에 두어야 한다. 상대가 담판하는 것을 좋아하는 성향이라면 제안들 간의 차이를 좀 더 크게 가져갈 수도 있을 것이다.

첫 번째, 두 번째, 세 번째 제안들을 이어나갈 때 각 제안의 차이를 인위적, 전략적으로 설정해 두자. 그에 따라 상대는 이것을 분석할 것이고 상대기 대응하는 것에 따라 당신은 협상을 이끌어가면 된다. 당신의 제안들 사이의 차이를 어떻게 만드느냐에 따라 상대와 협상을 또 다르게 레버리지할 수 있다.

# 최선의
# 마지막 제안,
# 바포<sup>BAFO</sup>하라

내가 정말 최종안을 제시하고 있는지 나도 잘 모르겠군요.
상대는 내가 최종 제안이라고 해도 믿지 않을 것입니다.
이럴 때 어떻게 해야 할지…….

상대에게 바포<sup>BAFO</sup>를 사용해 협상을 제시하면 상대는 일반적
인 마지막 제안보다 더 강한 의미로 받아들일 수 있다. 이 방
법이 효과를 보려면 반드시 바포가 진정한 바포가 되도록 상
대에게 양보하는 모습을 보이면 안 된다.

바포<sup>BAFO; Best And Final Offer</sup>는 협상을 많이 하는 사람들끼리의 용어

로 상대에게 최종적인 최선의 제안이라는 점을 분명히 할 때 사용한다. 이 개념을 사용하여 상대에게 최종적으로 제안할 때는 단호한 표현을 사용해야 한다. 그렇지 않으면 상대는 이 마지막 제안도 마지막이 아닌 것으로 생각할 수 있기 때문이다.

협상이 조금씩 길어지고 상대가 계속 조금씩 양보를 구한다고 협상을 포기할 수도 없고 상대가 원하는 것을 계속 들어 줄 수도 없다. 상대는 이미 내가 더 많은 것을 양보할 것이라고 생각할지도 모른다. 이럴 경우에 상대에게 이 제안이 마지막이자 내가 할 수 있는 최선의 제안이라는 점을 분명히 밝힌다면 상대는 이를 진정으로 받아들이고 고민할 것이다. 그 마지막 제안을 받아들이고 합의를 할 것인지 아니면 거절하고 협상 결렬Walk Away을 선언할 것인지 곧 결정할 것이다.

...

바포를 사용할 때는 상대가 협상 테이블을 떠날 수 있다는 것을 염두에 두어야 한다. 상대가 바포 제안에 대하여 마음에 들어하지 않거나 더 양보된 최종안을 요구한다면 상대와의 협상을 중단하는 것을 결정하고 있어야 한다. 만일 그렇지 않다면 바포 제안을 하고 나서도 결국 상대가 요구하면 또 다른 바포 제안을 해야 하기 때문이다.

회사 차원에서도 바포를 선언하는 협상가는 반드시 그것을 지키도록 모든 구성원들이 합의를 이루어야 한다. 그래야 상대에게 바포 제안을 전달했을 때 회사 전체의 의견으로 받아들이게 된다.

만일 바포 제안을 번복하면 상대는 상황을 모면하거나 상대에게 단지 위협하기 위해 제안을 했다는 것을 알고 다음부터는 아무리 진지하게 바포 제안을 하더라도 믿지 않을 것이다.

당신이 상대에게 얼마나 강력한 제안을 최종적으로 하느냐에 따라 상대는 의사 결정을 달리 할 수도 있다. 당신이 제시하는 바포를 통해 상대에게 강력한 신호를 보내고 이를 통해 더 나은 협상으로 레버리지할 수 있다.

# 트레이드 오프 Trade Off 하라

**6**

협상 안건을 하나씩 차례로 상대와 협의하면서 설득도 하면서 풀려고 했더니 나중에는 뭐가 뭔지 모르겠더군요. 내게 정말 중요한 것은 따로 있는데 그 안건은 아직 얘기도 못했습니다.

**9**

상대와 여러 가지 제안을 협상할 때 우선순위에 따라 협상안을 맞교환하는 것이 효율적이다. 서로가 더 원하는 것을 더 가져갈 수 있기 때문이다.

...

협상안을 하나하나 다루다 보면 시간도 많이 걸릴 뿐 아니라 어떤 부분은 상대에게 양보해 주고 어떤 부분은 상대에게 양보를 구해야 하는지가 불명확해진다. 어떤 협상가들은 쉬운 것부터 해결하려고 하지만 그 쉬운 안건도 상대가 합의해 주지 않으면 어려운 것이 되고 만다. 더 문제인 것은 이러다 보면 자신에게 반드시 필요한 협상 안건에 대하여 협상을 진행해야 한다는 것을 망각한다는 사실이다. 이것을 해결하기 위한 협상 기술로 트레이드 오프Trade Off가 있다.

트레이드 오프란 상대와 협상해야 하는 쌍방의 안건들을 모두 열거하고 중요도에 따라 순서를 매기는 방법으로 시작한다. 그렇게 모든 안건을 한 테이블 위에 올려두고 진행하면 상대와 나 사이에 중요한 부분이 다르다는 것을 알게 된다. 그런 차이가 서로 명확해지면 나에게 중요한 것에 대하여 상대의 양보를 구하는 대신, 상대에게 중요한 것에 대하여 내가 양보하는 식이다.

...

건설사와 건물주 간의 건설 계약에 대한 협상건이 있다고 하자. 협상 안건으로는 공사에 대한 가격, 대금 지급 조건, 완공이 지체되는 경우 지체 배상금, 건물에 대한 보증 조건이 있다. 건설사는 완공 일자를 맞춰 주어야 건물주가 그다음 단계로 건물을 통한 자신의 사업을 진행할 수 있다. 건물주의 기억에는 이전에 다른 건물을 짓고 나서 하자가 다수 발생하였기 때문에 믿을 만한 건설사가 보증 기간 내 책임 있게 보수해 주는 것이 매우 중요하다.

그런데 건물주는 자금 여유가 있는 편이어서 대금 지급에 대해 다소 여유 있게 협상할 수 있다. 건설사의 경우 현재 건설 경기 부진으로 자금 압박을 받고 있다. 이 건설사는 그러나 공사 진행 실력이 매우 우수해서 정확한 날짜에 완공을 진행할 수 있다. 그러면 건물주의 입장에서는 우선순위는 첫째 지체 배상금, 둘째 보증 조건, 셋째 가격, 넷째 대금 지급 조건이라고 할 수 있을 것이다. 건설사의 경우에는 첫째 가격, 둘째 대금 지급 조건, 셋째 지체 배상금, 넷째 보증 조건이 될 수 있을 것이다. 이런 경우 건물주에게는 지체 배상금이 가장 중요한 대신에 대금 지급 조건은 비교적 우선순위가 낮으므로, 상대에게 중요한 가격이나 대금 지급 조건을 수용하는 대신 자신에게 중요한 지체 배상금 조건과 보증 조건을 상대에게 수용해 달라고 요구할 수 있다.

협상 안건이 여러 가지이고 안건의 우선순위가 당사자에게 모두 다른 것이어서 협상 안건들을 하나씩 상대와 논의하기보다는 전체를 모두 올려놓고 진행해 보는 것이 서로에게 더 나은 만족감을 가져다줄 수 있다.

이처럼 상대와 내가 협상해야 할 안건 중 나에게 우선순위가 있는 것들을 더 많이 얻기 위해 상대에게는 나에게는 낮은 순위이지만 상대에게는 비교적 높은 우선순위의 협상안을 양보할 수 있다. 이와 같이 트레이드 오프를 통해 상대와의 협상에서 서로가 더 많은 것을 얻어 가도록 레버리지를 할 수 있다.

# 조건부 협의를 하라

> 상대에게 요구만 하는 사람이 있어요, 그들의 제안을 거절하는 게 쉽지 않네요. 그럴 때 나의 요구를 만족시켜 주면 당신의 요구를 들어 주겠다고 하니 거절하기가 좀 더 쉽고 상대의 요구와 내 요구를 동시에 관철시킬 수 있더군요.

상대 요구를 거절하기 어려울 때 조건을 제시하는 방법 즉 상대 요청을 수락할 때 내 요청도 수락할 것을 제안하면 상대 요구를 거절하거나 나의 요구를 제시하기가 훨씬 쉬워진다.

...

조직 내부에서 각 부서를 돌아다니면서 자신에게 필요한 것을 끊임없이 요구하는 사람들을 종종 본다. 혹은 거래처가 더 나은 조건을 계속 요구하는 경우도 종종 일어난다. 이런 경우 단칼에 거절하는 것이 쉽지 않다. 거절을 하면 상대가 서운해 하거나 심지어 부당한 대우를 받았다고 생각할 수도 있다.

심성이 순하거나 거절하기 어려워하는 사람들은 계속 그런 사람들에게 끌려 다니게 된다. 이런 경우 상대가 무엇인가 나에게 요구할 때 나도 그에 걸맞은 요구를 하는 것이다. 예를 들어 두 배 높은 영업 판매량을 충족시켜 주면 예외 조건을 인정해 준다든지 혹은 관련 부서장의 동의를 구해 오면 승인해 준다든지 하는 식의 조건을 거는 것이다. 그러면 그 요구 조건을 충족시키는 것이 어렵다고 생각하거나 그럴 바에는 차라리 규정을 지킨다고 할지 모른다.

이처럼 상대가 무리한 조건을 요구하는 경우 한편으로 나에게는 숨겨 둔 무리한 요구 사항을 관철시킬 수 있는 좋은 기회가 되기도 한다. 상대의 요구를 그냥 수용하기보다 이처럼 자신의 요구를 관철시키는 기회로 삼는다면 나의 협상 기회를 오히려 더 늘리는 레버리지 기회가 될 것이다.

# 메소<sup>MESO</sup>로
# 상대의 결정을 유도하라

아무리 다양한 각도로 제안을 해도 부정도 긍정도 하지 않는 우유부단한 사람이 있습니다. 그럴 때 메소<sup>MESO</sup> 전략을 사용했더니 생각하다가 결정을 내리더군요. 내게 의미 없는 제안도 상대에게는 의미가 있을 수 있습니다.

상대가 결정을 내리기 힘들어하면 몇 가지 제안을 동시에 하면 상대는 쉽게 결정을 내릴 수 있다. 설사 최종 결정을 내리지 못하더라도 상대가 어떤 것을 선호하는지 알아낼 수가 있다

협상이 무르익고 상대가 최종적으로 결정해야 할 무렵 계속

머뭇거리면서 결정하지 못하는 경우가 있다. 상대는 협상을 결렬시킬 의도도 없지만 어떤 결정을 명쾌하게 내리지 못하는 상황을 만날 수 있다. 이럴 경우에는 상대에게 메소MESO; Multiple, Equivalent, Simultaneous Offering 기술을 사용하면 효과적이다. 상대에게 여러 가지 등가적 가치의 제안을 동시에 하는 것이다. 마치 사지선다형처럼 유사한 가치를 지니는 제안을 서너 가지 동시에 제안하여 상대가 그중 하나를 선택할 수 있게 하는 것이다. 상대는 한 가지 제안을 놓고 결정하는 것보다 몇 가지 제안을 놓고 결정할 수 있어서 훨씬 편하다.

상대가 최종적인 합의안에 동의하는 것이 아닐지라도 제시한 안들에 대한 선호도를 파악하는 좋은 기회가 될 것이다. 그렇게만 되어도 상대의 사고 방향을 읽을 수 있으므로 협상에 유리하다.

메소 기술을 사용하더라도 상대에게 너무 많은 제안을 하기보다는 2~4가지 정도 이내에서 제안하는 것이 상대로부터 결정을 얻어내기가 더 쉽다. 만일 4가지가 넘어가면 상대는 오히려 혼란스러워 할 수 있다. 이렇게 상대가 우유부단하거나 어떤 결정을 내리기 주저하는 경우 메소 기술을 활용하여 협상의 돌파구를 만들어 볼 수 있다.

# 협상 결렬을
# 두려워하지 마라

**6**────────────────────

절대로 협상을 결렬시키거나 테이블을 떠나지 않겠다고
선언하는 것은 협상을 하지 않겠다는 것과 같아요. 상대는
협상을 결렬시킬 수도 있는 상대를 더 두려워합니다.

────────────────────**9**

만일 협상 테이블을 떠날 수 없는 상대가 있다면 그는 가장
약한 협상 상대이다. 당신은 협상장에 들어서기 전에 협상 결
렬에 대한 분명한 기준을 가지고 있는 것이 좋다.

...

협상은 반드시 합의에 이르러야 하는 것은 아니다. 상대와 내
가 협상을 통해 합의에 이를 가치가 있어야 하는데, 협상을 통해

합의에 이르는 것이 어렵고 내가 선택할 배트나가 더 만족스러울 때는 협상 결렬도 생각해 보아야 한다.

문제는 협상 결렬에 대해 전혀 고려하지 않을 때이다. 상대와 협상을 어떻게 하든지 합의에 이르려고 노력하는 모습은 물론 보기에 좋다. 그러나 상대는 나의 그런 노력을 존중하여 양보하고 더 나은 창의적인 옵션을 개발하기 위해 노력하는 대신 압박하여 더 많은 것을 얻어내려고 한다면 반드시 협상을 통해 합의를 이끌어내는 것이 옳은지 다시 생각해 보아야 한다.

...

협상 파워의 관점에서 본다면 협상 결렬의 가능성을 열어 두지 않고 협상을 한다면 상대에게 내가 만만한 상대가 될 수 있다. 때로 협상 테이블에서 상대가 전혀 양보할 생각이 없거나, 나의 협상 노력을 존중하려 하지 않거나 또는 자신이 매우 우월한 협상 파워를 가지고 있다고 생각하는 경우 협상 결렬의 입장을 취하는 것도 의미가 있을 것이다. 그런 가능성을 보여 주기만 해도 상대가 바로 태도를 바꾸는 경우가 많다. 그러나 협상 결렬의 가능성은 매우 신중하게 선택해야 한다. 상대가 성실하게 협상에 임하고 나의 협상 노력을 존중하는 경우에는 협상 결렬의 가능성을 보여 줌으로써 오히려 큰 효과를 볼 수 있다.

상대가 무리한 요구를 계속하거나 자신의 배트나가 더 약하다는 점을 잘 모르는 경우 상대에게 협상 결렬의 가능성을 비치기만 해도 예상치 못한 반응을 얻어낼 수 있다. 의기양양했던 상대는 고분고분해지고 나에게 협력적인 상대가 될 수 있다.

이 기술은 당신의 배트나가 상대보다 우월할 때 적용해야 한다는 점을 잊어서는 안 된다. 당신의 배트나가 상대보다 우월하지 않는데도 상대에게 협상 결렬의 뜻을 비치는 것은 도박에 가까울 정도로 나에게 유리한 협상 결과를 가져올 확률은 매우 낮다.

# 전략적으로
# 양보하라

6 ————————————————————

언제나 통 큰 협상을 한다고 자랑하는 임원을 알고 있습니
다. 알고 보면 크게 양보하고 협상을 마무리한 거였어요.
그는 협상에 대해 잘 모르고 협상에 실패하지 않기 위해
상대에게 그저 크게 양보했을 뿐이었습니다.

———————————————————— 9

협상에서 양보해야 하는 순간은 늘 있다. 문제는 양보도 전략
적으로 해야 한다는 것이다. 그렇지 않으면 늘 양보하는 당사
자가 될 것이다.

...

양보는 협상에서 가장 중요한 기술 중 하나이다. 내가 양보하

지 않는 한 상대는 절대로 양보하지 않겠다는 입장을 취할 수도 있기 때문이다. 그러나 만일 협상을 계속 이어가고 합의를 만들어 내기 위해 상대가 요구하는 것을 그저 계속 들어 준다면 나는 양보를 전략적으로 하지 못하는 셈이다. 상대와 합의하기 위해 양보했을 뿐이기 때문이다. 상대와 합의에 이르기 위해 양보하는 것은 중요하지만 전략적 양보가 필요하다는 말이다.

...

전략적 양보를 하기 위해서 알아두어야 할 점이 몇 가지 있다.

첫째, 양보의 재무적·법적 영향을 따져 보아야 한다. 만일 양보안이 계약 조건이라면 그 양보한 계약 조건으로 얼마나 많은 재무적 손실이 있는지 계산해 보아야 한다. 또한 그 양보한 계약 조건이 향후 미칠 법적 영향도 생각해 보아야 한다. 그 계약 조건으로 인해 분쟁이 생길 경우 소송에서 더 큰 손실을 볼 수도 있기 때문이다.

둘째, 양보가 협상 진행상 의미 있는 것이어야 한다. 즉 나의 양보로 상대가 추후 작은 것이라도 양보하도록 의미를 부여해야 한다. 아무런 의미 없이 그저 양보하고 마는 것은 상대로 하여금 더 많은 요구를 불러들일 수 있다. 양보를 하더라도 이것이 마지막 양보라든가 혹은 나도 뭔가 요구할 것이 있다는 점을 분명히 하라는 의미이다. 양보를 하는 순간에 다른 조건을 거는 것도 유용하다.

협상을 준비하는 과정에서 어느 순간에 어떤 방식으로 전략적 양보를 할 것인지 계획해 둔다면 중요한 순간마다 상대와의 협상에서 더 나은 것을 얻을 수 있는 협상 레버리지로 활용할 수 있다.

제4장 Key Point

- 협상의 체계적 기술을 미리 연습해야 한다. 연습하지 않은 협상 기술은 협상 테이블에서 더 위험하다.
- 각각의 협상 기술들은 단독으로 혹은 복합적으로 작용하여 당신의 협상을 몇 배로 유리하게 레버리지해 줄 수 있다.
- 상대도 협상 기술을 잘 알고 있다고 생각하라. 누가 어느 순간에 더 유리하게 자신이 잘 알고 있는 협상 기술을 사용할지가 협상의 진정한 실력이 된다.

# 종합적 활용, 협상 시나리오 디자인

협상을 성공으로 이끄는 힘은
다양한 시나리오를
디자인하는 것이다.
협상 시나리오 디자인 4단계를
연습하고 활용하라.

# 협상 디자인
# 프로세스

6

상대와 협상을 하면서 계속 끌려 다니는 느낌이었어요. 상
대는 자신이 가지고 나온 스토리대로 자연스럽게 결론으
로 가고 있었죠. 상대는 어떤 기술을 가진 것일까요?

9

협상 시나리오를 짜두지 않으면 나는 상대가 짜둔 시나리오
대로 움직일 수밖에 없다. 협상 시나리오대로 되지 않을 수도
있지만 시나리오를 짜는 능력이 곧 종합적인 협상 능력이다.

...

이제 모든 기술을 익혔다면 그 기술들을 엮어 스토리를 만들
어야 한다. 모든 기술을 사용할 필요는 없다. 협상 목적에 알맞은

기술들을 적절한 상황에 상대 유형에 따라 시나리오를 디자인하면 된다. 언제 어떤 제안으로 누구와 협상할지 결정되었다면 지금까지 익혀 온 구체적인 협상 기술을 종합해 협상 시나리오를 디자인하는 것이다. 협상은 단편적으로 이루어지는 것이 아니라 시간의 흐름을 가지고 일어나는 시나리오이다. 협상 시나리오는 협상의 성패를 크게 좌우한다.

...

협상 시나리오 디자인은 크게 네 단계로 나누어 진행할 수 있다.

첫 번째는 협상 상황 디자인이다. 협상을 나에게 유리하게 이끌어 갈 수 있도록 협상판을 짜는 일이다. 두 번째는 협상 플랜 디자인이다. 협상 일정이 어느 정도 세워졌다면 어떻게 협상을 해나갈지 구체적인 계획을 디자인하는 단계이다. 세 번째는 협상 테이블 디자인이다. 협상 플랜 디자인이 세워졌다면 실제 협상 테이블에서 어떤 협상 기술을 사용하여 진행할지 디자인하는 단계이다. 네 번째는 협상 결과 분석이다. 위 세 단계가 계획대로 되었는지, 어떤 부분에서 협상이 잘 이루어지지 않았는지 분석하는 단계이다. 이 과정이 체계적, 반복적으로 진행될수록 협상 역량은 날로 향상된다.

이 네 단계의 시나리오 디자인을 지속적으로 반복해 여러 상황에 활용하는 것이 중요하다. 그렇게 해야만 협상에 필요한 개념과 기술들이 나의 몸에 꼭 맞게 체화되기 때문이다.

# 첫 번째 단계:
# 협상 상황 디자인

상대에게 처음에 우리 회사에 대한 좋은 정보를 전달하지 못한 게 후회가 되네요. 상대는 생각보다 잘못된 정보들을 오래 기억하고 있더군요. 처음부터 관점을 서로 맞추는 게 나중에 문제를 해결하는 데 정말 중요하다는 걸 알았습니다.

상대의 인식 체계를 바꾼다는 것은 매우 어렵다. 이미 어떤 관점을 가지고 상황이나 사건 혹은 문제를 바라보기 때문에 먼저 형성된 관점은 그래서 매우 중요하다.

...

본격적으로 협상 플랜 디자인에 들어가기 전에 협상이 벌어지는 전반적인 상황과 서로 간의 생각에 대한 정리가 필요하다. 가능하다면 서로의 관점이나 생각이 유사하게 일어나도록 애초에 디자인해 두는 것이 좋다. 이미 관점이나 생각이 벌어져 있으면 그 간격을 메우기 어렵기 때문이다. 최소한 상대의 관점과 나의 관점 및 생각하는 바가 다르다는 점과 어떻게 다르다는 점은 알아차리고 있어야 한다. 그렇지 않으면 그 이후의 협상 플랜, 협상 기술들은 쓸모가 없어질 수 있다.

## 나와 상대의 생각은 다를 수 있음을 인지하라

두 사람이 빨간색과 파란색이 주는 이미지에 대한 합의를 내기 위한 협상을 하고 있다. 금방 결론이 나서 합의에 이를 것으로 예상했지만 예상은 빗나가고 진전이 없다. 협상을 하는 보통의 어른은 상대를 이상하게 생각하기 시작한다. 자기와는 다른 인식을 가지고 있다고 생각하며, 자신이 생각한 것처럼 빨간색에 대하여 따뜻하고 불의 이미지를 가지지 않은 상대는 정신이 이상하거나 혹은 자신의 의견을 무시하는 예의 없는 사람으로 인식하기 시작한다. 또 한편으로 다른 인식을 가진 그 사람은 상대가 자신과 전혀 다른 색에 대한 인식을 가지고 있다고 생각하며 고민에 빠진다. 이 두 사람은 서로를 이상하게 생각하다가 급기야는 감정적으로 대립하게 된다. 싸우게 되는 것이다. 이 두 사람은 사실 인격적으로 그리고 지능적으로 전혀 문제가 없다. 협상에 진전이 없는 이유는 한 사람은 빨간색에 대하여 차가운 이미지로 교육을 받았고, 다른 한 사람은 파란색에 대해서는 따뜻한 이미지로 이미 교육을 받아 왔기 때문이다.

우리는 서로 다른 교육과, 지식 그리고 경험을 가지고 있는 것에 따라 같은 상황과 사물을 보더라도 다르게 인식하게 된다. 상대가 어린아이 때부터 원래의 파란색을 빨간색으로 알고 있었고 그래서 당연히 파란색을 따뜻한 이미지 그리고 불의 이미지로 알고 있다는 점을 간파할 수 있다면 대화는 훨씬 순조로워진다.

우리는 협상을 하면서 이런 일을 자주 겪는다. 협상에서 이런 일들을 논란이나 분쟁 혹은 감정적인 대립으로 가지 않기 위해서는 상대가 왜 그런 생각과 인식을 가지게 되었는지 알아보아야 한다. 또는 내가 상대와 다른 생각을 가지는 이유를 스스로에게도 물어 보아야 한다. 인간은 학습받고 경험한 대로 현재의 모습과 상황을 인식하기 때문이다.

...

협상장에서는 인간이 이렇게 나와 다르게 인식할 수 있다는 점만 간파해도 협상에서 많은 문제들을 해결할 수 있는 단서를 가지게 된다. 대부분 상대가 나와 생각을 다르게 하거나 혹은 나의 설명이나 의견에 동의하지 않는 부분에 대하여 크게 속상해하거나 이해할 수 없다고 생각하거나 혹은 상대를 나쁜 사람으로 인식하곤 하는데, 이 이면에 상대가 가진 인식 체계나 배경이 나와 다를 수 있다는 점을 이해하기만 해도 큰 도움이 된다.

이런 일들은 전문적인 기술 분야에서도 일어난다. 똑같은 기계적, 화학적 현상에 대해서 각자 어떻게 배웠고, 그 같은 현상에 대해 어떤 경험을 해 왔는가에 따라 다른 해석과 다른 대처 방법을 가지고 있다. 그러나 종종 이런 기술적, 과학적 분야에 있는 사람들도 상대가 지식과 개념에 대해 잘못 이해하였다고 서로 공격하기도 한다. 서로가 다르게 배운 부분이 있다거나, 서로 다르게 생각할 만한 지식이나 경험이 있었을 것이라고 예상하지 못한다면 서로 간의 협상은 그저 중간의 타협적 협상으로 밖에는 끝나지 않는다.

협상 테이블에서 이런 일들은 빈번하게 일어난다. 만일 당신이 협상의 고수가 되고자 한다면 상대방이 나와 문제들에 대하여 최소한 인식과 이해는 같이 할 수 있도록 처음부터 상황들을 디자인해야 한다. 나와 다르게 인식하는 부분이 있거나 이해를 달리하는 부분이 있다면 서로 왜 그런 차이가 나는지 확인해 보고 그 간격을 좁히거나 같게 해야 할 것이다. 만일 그렇게 할 수 있다면 협상은 훨씬 더 수월하게 진행될 수 있을 것이다.

## 상대의 관점을 나와 유사하게 하라

상대는 자신의 관점이 옳다고 생각하기 때문에 내가 그 관점에 대하여 다른 설명을 하거나 바꾸려 하면 나를 의심하거나 나에 대해 부정적인 감정을 가지게 된다. 그래서 상대가 어떤 관점을 가지기 전에 내가 원하는 관점을 심어 주어 원하는 방향의 인식 체계를 가지도록 디자인하는 것이 중요하다.

상대의 인식 체계를 디자인하려면 향후에 어떤 문제를 가지고 협상을 할 것인가 미리 어느 정도 예측하고 있어야 한다. 내가 어떤 문제로 상대와 협상하게 될 것인지 예측할 수 있다면 상대에게 필요한 관점과 인식 체계를 갖도록 할 수 있다. 상대에게 필요한 관점, 기억, 정보 혹은 지식을 미리 전달하여 이에 대한 생각을 심어 놓는 것이다. 초기에는 상대가 내가 전달하는 관점과 기억, 정보들에 대하여 비교적 선입관이나 편견이 적은 편이므로 전달하기가 보다 쉽다. 예를 들면 상대가 제품을 마음에 들어하거나 적어도 부정적인 편견이 없을 때 제품의 기술적인 사항과 문제점, 사용상 주의 사항 등을 미리 전달하는 것이다. 이때 반드시 좋은 내용만 전달할 필요는 없다. 추후 생길 수 있는 문제점들에 미리 대처할 수 있게 하는 것도 상대의 기대감을 사전에 미리 조율한다는 점에서 좋은 것이다. 그러면 문제가 생겼을 경우 제품에 대한 부정적인 생각이나 감정적인 분노를 어느 정도 미연에 방지할 수 있다.

상대의 관점과 인식 체계를 미리 정하고 상대에게 영향을 미친다는 것은 매우 어려운 일이다. 상대의 머릿속을 들여다볼 수 없기 때문에 내가 어떤 조치나 정보를 전달한다고 해서 상대가 쉽게 내가 원하는 대로 관점이나 인식 체계를 가질 수는 없을 것이다. 그러나 이미 어떤 관점이나 인식 체계가 생긴 후에는 훨씬 어려운 과정과 노력을 거쳐야 그 관점이나 인식 체계가 바뀐다는 점을 염두에 둔다면 협상 상황 디자인은 매우 유용한 협상 기술로 작용할 것이다.

# 두 번째 단계:
# 협상 플랜 디자인

6

상대와 서로 입장만 주장하다가 협상이 평행선을 그렸는데 상대의 속마음이랄까, 숨겨진 걱정거리를 조금 알게 되었어요. 그러다 보니 실마리가 보이기 시작했습니다. 상대의 걱정을 덜어 줄 새로운 제안을 보냈더니 뜻밖의 반가운 답변이 돌아왔어요.

9

인간의 특성을 바탕으로 상대가 가진 혹은 가질 수 있는 숨겨진 욕망과 공포에 대한 확인은 협상에 있어서 매우 중요하다. 인간의 마음 깊숙한 곳에 숨겨진 욕망이나 공포, 걱정거리를 찾아내고 이를 만족시킬수록 협상은 더 쉬워진다.

...

두 번째 단계에서는 실제 협상을 진행하기 위한 플랜을 구체적으로 세운다. 플랜이 구체적이지 않으면 협상 기술을 사용할 수도 없고, 협상 테이블에서 우왕좌왕하면서 협상을 주도적으로 이끌어갈 수 없다. 협상 플랜을 디자인할 때 이 책의 부록에 있는 협상 준비서 NPP를 활용하기 바란다. 구체적인 플랜을 이 양식에 따라 써내려 가다 보면 협상을 어떻게 진행할지에 대한 구체적인 아이디어가 정리될 것이다.

## 협상의 목적을 세워라

많은 협상가들은 협상에 진념하면서 내가 왜 협상을 하게 되었는지를 잊고 협상 자체에만 몰입하게 된다. 협상 플랜을 디자인할 때 협상을 하는 목적을 가장 먼저 분명히 해 두어야 한다. 그리고 협상 목적이 타당한지 검토해 보아야 한다.

합리적이지 않거나 나의 이익에 부합되지 않는다면 목적은 달성하지 못할 수도 있다. 이것이 협상 플랜 디자인의 첫걸음이다. 협상을 진행하면서 플랜을 수정해도 상관없다. 하지만 협상 목적은 분명히 해 두고 협상이 나아갈 방향을 알려 주어야 한다. 만일 최대한 경제적 이익을 얻거나 혹은 경제적 손실을 최소화하는 것이 협상 목적이라면 그 목적에 부합하는 협상안을 만들면 된다.

## 상대와 나의 입장을 정리하라

대부분 협상에서는 상대와 나의 입장을 정리하는 것으로 시작하고 끝나는 경우가 많다. 상대의 입장과 나의 입장이 서로 다르기 때문에 협상을 시작하게 되는데, 특별한 문제가 없다면 서로 간의 적당한 양보점에서 협상이 이루어진다. 이를 분배적 협상distributive negotiation이라고 한다. 서로 일부는 양보하고 일부는 얻으면서 분배하는 식의 협상이라 하여 분배적 협상으로 명명하게 되었다.

분배적 협상은 합리적으로 보일지는 모르겠지만 결국에는 서로가 원하는 것을 잃는 것을 조건으로 하는 것이기 때문에 전체적으로 보면 제로섬zero sum 협상이 된다. 그러므로 누가 더 많이 잃고 누가 더 많이 얻는지는 서로가 가진 지위 혹은 협상 파워에 달려 있는 것이다. 어떤 협상에서는 상대가 고객이고 협상 파워가 강하기 때문에 겨우 9:1의 협상을 하기도 하고, 어떤 협상에서는 공급자가 매우 강한 독점 공급자이기 때문에 2:8의 협상을 하기도 한다. 입장 대 입장의 분배적 협상에서 이러한 불공평성은 서로의 가치가 증대되지 않는다는 점에서 더 나은 개선된 협상이 필요하다고 할 수 있다.

북극의 빙하를 떠올려 보자. 빙하의 수면 윗부분은 잘 보이면서 실체가 명확하다. 그래서 협상에 비유하면 서로가 제기하는 주장이나 입장과 같이 충분히 잘 드러나고 이해하기도 쉽다. 그러나 빙하의 수면 아랫부분은 보이지 않으며 어떤 모습이고 얼마나 큰지 알기 어렵다. 이 보이지 않는 수면 아래 빙하가 인간이 협상을 하면서 생각하고 느끼는 욕구, 욕망, 공포와 같은 것이다.

상대는 한 인간으로서 감정과 서로 다른 인식 체계 그리고 욕망과 공포심을 함께 가지고 있으면서 이러한 인간의 특성은 시시각각 변한다. 실제로 협상을 더 나은 성공적 결과로 이끄는 것은 이러한 상대의 숨은 이해관계를 만족시켰을 때이다.

서로가 가진 입장에 대해서는 아무리 서로 설득하더라도 결국은 논쟁으로 흐르거나 종국에는 결렬되면서 서로의 관계가 깨어지는 일이 종종 발생한다. 혹은 상대의 협상 파워에 눌려 상대가 원하는 대로 맞추어 준다. 상대가 나와 생각이 다르다면 일체 협상을 하지 않으려는 일이 벌어지기도 한다.

상대와 나의 현재 주장하는 바를 분명하게 하지만 서로가 가진 숨은 이해관계를 만족시켜 주지 않는 한 서로 간에 합의가 되었더라도 만족할 만한 협상이 되지 못한다. 서로가 가진 입장과 숨은 이해관계가 일치하는 경우도 있을 수 있겠지만 실제로 일치하는 경우는 드물다. 오히려 상대의 숨은 이해관계는 드러나지 않기 때문에 협상에서 더 나은 실마리를 제공할 수도 있다.

상대의 욕구, 욕망, 공포와 같은 것은 상대에게 요구하기 어려울 수 있겠지만 드러나지 않은 것이기 때문에 상대를 잘 파악해서 만족할 만한 옵션을 제시해 준다면 상대는 은근히 바랐다는 듯이 이를 받아들이면서 만족스러운 표정을 지을 수도 있다. 그러나 이러한 상대의 숨겨진 생각을 잘 파악해 내거나 혹은 상대가 흔쾌히 아주 명확하게 알려 준다면 문제가 없겠지만 상대는 절대 알려 주지 않거나 힌트도 주지 않거나 혹은 오히려 더 숨기려고 할 수도 있다.

자신의 욕구, 욕망 그리고 공포를 드러내는 것은 내가 숨기고 싶은 것을 나타내는 것 같기도 하다. 그것이 나의 욕망이나 공포와 관련된 것이라면 더욱이 상대가 알게 하고 싶지 않을 것이다. 그렇기 때문에 나의 관점에서도 상대의 숨겨진 이해관계는 협상을 성공적으로 이루는 데 더 치명적인 요인이 된다.

그렇다면 상대의 숨겨진 생각인 욕구, 욕망 그리고 공포를 어떻게 알아낼 수 있을까? 상대의 숨은 이해관계를 잘 알기 위해서는 평소에 인간의 감정, 인식 그리고 욕망과 공포심에 대하여 잘 이해하고 있을 필요가 있다. 어떤 사람은 어릴 때부터 인간의 이러한 면을 잘 이해하고 있었을 수도 있고, 어떤 사람은 전혀 관심을 가지고 있지 않았을 수도 있다.

인간의 특성에 대하여 관심이 적고, 인간의 감정과 인식들에 대하여 잘 이해하기 어려운 사람은 협상에 임하면서도 좋은 성과를 내기 어려울 수 있다. 인간의 특성에 관심이 적은 사람은 상대의 숨겨진 생각을 알아내기보다는 자신과 상대가 가진 입장에 대하여 기술적으로 해설하거나 논리적으로 설득하여 상대가 나에게 굴복하기를 바랄 것이다.

협상을 잘하기 위해서는 인간의 특성에 대하여 좀 더 이해하고 있어야 하는데, 우선 이 책에서 설명하고 있는 다양한 인간의 유형부터 이해하고 감정적인 부분, 인식에 대한 부분 그리고 욕망과 공포에 대하여 이해해 둔다면 좀 더 쉽게 협상 상대를 이해할 수 있다.

좀 더 범위를 좁힌다면 우리가 직업적으로 협상하는 경우 상대는 대부분 어떤 조직에 소속되어 정기적으로 급여를 받는 직장인일 것이다. 그렇다면 직장인의 특성에 대하여 잘 이해해 두는 것도 도움이 된다. 대부분의 직장인은 정해진 시간에 출퇴근을 하면서 조직이 지시하는 바를 이루기 위해 노력하는 사람들이다. 대부분의 경우 승진에 관심이 있으며 또한 급여를 받기 때문에 급여 인상이라는 부분에 걱정도 많다. 그리고 조직 내에서의 위상이나 영향력도 중요할 것이다. 원하는 만큼 직장에 다니려면 자신의 자리에 대하여 어느 정도의 보장도 필요할 것이다.

이러한 직장인으로서의 기본적인 사항과 현재 상대의 처지를 파악해 두면 상대를 만족시키고 그 배후의 이해관계자들을 만족시킬 수 있는 옵션을 개발하는 데 도움이 된다. 반대로 직장인의 그러한 특징을 전혀 이해하지 못하고, 상대를 조직을 대표하는 조직 그 자체로 생각한다면 협상을 진전시키는 데 어려움이 따를 것이다. 어쩌면 상대가 화를 내거나 기분이 상한 경우에도 왜 그러한 면이 보이는지 전혀 이해하지 못할 수도 있다.

상대의 숨겨진 내면의 생각과 관심거리를 잘 확인할 수 있는 방법은 협상 테이블에서 보이는 상대의 미묘한 표정이나 행동 그리고 불쑥 튀어나오는 용어들을 잘 관찰하는 것이다. 평소에 관찰력이 뛰어난 사람이라면 평소와는 다른 얼굴 표정이나 행동의 차이 그리고 상대가 무심코 던진 말 한마디에서도 단서를 찾아낼 수 있다. 협상 실습을 하다 보면 상대의 얼굴을 잘 보지 않는 사람들을 발견한다. 상대가 처음 보는 사람이라 쑥스러운 것이 아니라 습관적으로 상대를 잘 보지 않는 경우도 있다. 이런 경우에도 상대로부터 어떤 단서를 구하기 어려울 것이다.

종합적으로 말한다면 인간의 특성에 대한 깊은 이해와 상대가 보내는 여러 가지 신호들을 잘 포착해 내는 사람들은 상대의 숨겨진 욕구, 욕망, 공포, 근심을 파악하는 데 탁월한 능력을 발휘할 수 있다.

협상을 잘하고 싶다면 인간의 다양한 특성들을 깊이 있게 이해하는 데 관심을 가질 필요가 있다.

상대의 숨겨진 욕구, 욕망, 공포, 근심이 어느 정도 파악이 되었다고 하더라도 이것을 만족시킬 만한 새로운 제안을 개발하는 것은 쉽지 않은 일이다. 새로운 제안을 한다는 것은 상대 협상가의 인간적 특성이나 현재 가진 고민거리, 욕망 등을 파악하고 있다는 것이기 때문이다.

상대에게 제시할 만한 새로운 제안을 만드는 전제 조건으로 내가 가진 동원할 수 있는 모든 자원, 즉 리소스resource를 검토해야 한다. 왜냐하면 새로운 제안은 내가 현재 가지고 있거나 혹은 가질 수 있는 리소스를 조합하여 만드는 것이기 때문이다. 내가 가지고 있지 않은 리소스이거나 내가 가지지 못하는 리소스라면 새로운 제안으로 제시할 수 없다.

···

강의를 하다 보면 상대의 숨은 이해관계는 알게 되었으나 새로운 제안을 어떻게 만들어야 할지 잘 모르겠다는 질문을 받는다. 새로운 제안은 완전히 무의 상태에서 만드는 것이 아니고, 내가 이미 상대에게 제안할 수 있는 것이지만 아직 제안하지 못했거나 그런 제안 후보들 중 하나를 약간 수정해서 상대에게 제시할 수 있다. 특히 나에게 그 가치가 제로에 가깝지만 상대에게는 큰 가치를 주는 것이면 더 좋다. 왜냐하면 나는 거의 제로 비용으로 상대에게는 큰 가치를 주면서 만족시킬 수 있기 때문이다.

내가 만들어낼 수 있는 새로운 제안을 위한 재료 즉 리소스를 얼마나 많이 알고 있는가는 옵션을 개발하는 핵심이 된다. 리소스들의 예시는 앞서 언급한 '제2장 무엇을 협상할 것인가'에도 열거되어 있다. 지금 다니고 있는 회사에서 제공하고 있는 각종 무상 서비스나 고객에게 제공할 수 있는 다양한 방법의 옵션들을 생각해 보라. 간혹 나에게는 그런 리소스가 없다고 하는 경우가 있는데 이는 충분히 나를 점검해 보지 못한 결과이다. 나에게 아무런 가치가 없어 보이는 것부터 찾아보라. 나에게 이제 쓸모가 없는 것도 좋다. 굳이 가치가 있고 쓸 만한 것들이어야 상대도 좋아하는 것은 전혀 아니다. 오히려 그런 것들을 상대가 싫어하거나 관심을 가지지 않을 수도 있다.

잘못된 새로운 제안은 나에게 가치가 너무 크거나 아니면 그 새로운 제안을 제시하기 위해 큰 비용을 치러야 하는 경우를 말한다. 그런 경우는 내가 상대방이 제시하는 입장에 대하여 양보하는 것보다 오히려 잘못된 협상 결과를 가져올 수 있다. 특히 기관이나 회사를 대표하여 협상하는 경우 회사 입장에서 가치가 크거나 비용이 많이 드는 새로운 제안을 개발하는 것은 금물이다.

새로운 제안을 잘 개발해 내는 협상가들을 보면 주로 회사에서 가용한 여러 리소스를 많이 알면서 창의력이 뛰어난 사람들이다. 하지만 아무리 창의력이 뛰어나다고 해도 회사에서 가용한 것이 무엇인지 모른다면 다양한 새로운 제안을 만들어 내기 곤란할 것이고, 리소스를 많이 안다고 하더라도 창의력이 떨어진다면 리소스들을 어떻게 활용해야 할지 잘 모를 것이다.

...

이제 새로운 제안이 개발되었다면 잘 포장해서 상대에게 제시해야 한다. 잘 포장한다는 의미는 상대가 합당하고 공정하다고 생각하고 받아들일 만한 새로운 제안이어야 한다는 것이다. 만일 합당하지 않거나 공정성이 떨어진 제안이라면 상대는 자신의 이해관계를 만족시킨다고 할지라도 당신을 신뢰하지 않을 것이다. 새로운 제안이 합당하고 공정한 것으로 보이려면 객관적인 레퍼런스reference나 전문가 의견 등을 첨부하는 것도 좋다.

『설득의 심리학Influence: The Psychology of Persuasion』에서 저자Robert Cialdini는 상대를 더 잘 설득하기 위해 사회적 증거의 법칙 등을 잘 활용하라고 조언한다. 예를 들어 나 이외 다른 사람들도 모두 흡족하게 받아들인 새로운 제안이라고 한다면 상대도 받아들일 가능성이 높다는 것이다. 이 책에는 사회적 증거의 법칙 이외에도 상대를 설득하는 데 도움이 되는 상호성의 법칙, 일관성의 법칙, 호감의 법칙, 희귀성의 법칙, 권위의 법칙 등이 소개되어 있다.

### 협상이 결렬되면 배트나BATNA로 서로의 협상 파워를 확인하라

협상 파워가 강하다고 하여 흔히 상대가 돈을 주는 위치에 있다거나 지위가 높다거나 혹은 나보다 우월한 입장에 놓여 있다는 것은 아니다. 협상 파워에 가장 큰 영향을 주는 것은 바로 배트나이다. 배트나는 로저 피셔 Roger Fisher가 소개한 개념으로 이제는 여타 다른 협상서 혹은 논문이나 신문 기사에서도 협상에 관한 얘기에서 빠질 수 없는 개념이 되었다. 배트나는 현재 진행하는 협상이 결렬될 경우에 선택할 수 있는 대안으로 그 대안이 얼마나 강력한 것인가가 협상 파워를 결정한다고 본다.

대안의 우월성은 상대적인 개념이다. 나의 대안이 좋아 보이더라도 상대의 대안이 상대적으로 더 좋은 것으로 판단이 되면 상대는 그만큼 더 나은 협상 파워를 지니게 되는 것이다. 때로는 대안이 전혀 없을 수도 있고 때로는 너무 많은 대안들이 있어 어느 것이 가장 좋은 대안인지 알기 어려울 때도 있을 것이다. 혹은 대안이 없는 데도 있다고 착각할 수도 있으며 강력한 대안이 있음에도 스스로 없다고 착각할 수도 있다. 이처럼 배트나는 추상적이거나 주관적일 수 있다. 그러므로 배트나를 얼마나 스스로 정의를 잘 내리고 그 유효성에 대하여 얼마나 객관적으로 잘 파악하였느냐는 협상을 이끌어가는 데 매우 중요한 사항이 된다.

만일 내가 가진 배트나를 잘못 알고 매우 뛰어난 대안으로 착각하고 있다면 결국 좋지 않은 대안을 선택하여 협상을 그르치고 결렬 walk away 시킬 것이다. 혹은 반대로 내가 가진 배트나가 매우 좋고 진행 중인 협상에서 더 나은 대안이 될 수 있음에도 잘못 생각하여 자신감을 잃고 소극적으로 양보하는 협상을 하게 된다면 이경우에도 협상 합의서에 서명하고 나서 후회하게 될 것이다. 이처럼 자신이 가지고 있는 배트나를 얼마나 잘 이해하고 유용하게 만드는가는 협상을 자신감 있고 파워 있게 진행하는 데 큰 영향을 준다.[16]

사례를 통해 배트나에 대한 이해가 협상 파워에 어떻게 영향을 주는지와 배트나는 고정되어 있는 것이 아니라 계속 변화하는 것이라는 점을 알아보자. 다음은 부산으로 이사하면서 이직 면접 중인 철수 씨 이야기이다.

### 상황 1 ▸ 철수 씨는 부산에서 새로운 직장을 찾아야 한다.

철수 씨는 서울에서 약 10년간 직장생활을 하면서 결혼하였다. 아내와 맞벌이를 하는데, 아내가 직장 문제로 부산으로 전근을 가게 되자, 아내와 함께 부산으로 이사를 가고자 결심하였다. 철수 씨는 부산으로 이사하면서 현재 다니는 직장은 그만두어야 했고, 부산에서 새로운 직장을 찾아보기로 하였다.

### 상황 2 ▸ 철수 씨에게 A사로부터 면접 제의가 왔다.

마침 부산의 한 회사 A사는 철수 씨를 소개받게 되었고 마침 구하려는 자리에는 알맞은 사람이라는 것을 알게 되었다. A사는 철수 씨에게 면접을 요청해 왔고 철수 씨는 이에 응하게 되

---

16 _ 배트나는 회사의 경쟁력에도 큰 영향을 준다. 이에 대해서는 대한상사중재원이 발간하는 「계간 중재 (343호, 2015봄여름)」 p46~50를 참고해 보기를 바란다.

었다. 한편 아내의 전근 날짜가 정해지고 이사 날짜도 점점 다가오자 철수 씨는 이미 직장을 그만두었다. 그렇다면 현재 시점에서 철수 씨는 A사 이외에 다른 대안이 있는 것일까? 현재로서는 없다.

**상황 3 ▶ 철수 씨는 A사 이외에는 대안이 없다**(철수 씨에게 현재는 배트나<sup>BATNA</sup>가 없다).

철수 씨는 A사의 면접에서 최선을 다해야 할 것이며 가능하면 A사의 채용 담당자의 비위를 거슬리는 말을 하면 안 될 것이다. 따라서 조건을 내세우기도 힘들어서 연봉이나 직급을 자신 있게 요구하기 힘들 것이다.

**상황 4 ▶ 철수 씨는 B사로부터 면접 제의를 받았다**(철수 씨에게 A사를 대신할 B사라는 배트나<sup>BATNA</sup>가 생겼다).

그런데 상황이 바뀌어 철수에게 또 다른 B사가 나타났다. 철수 씨는 B사와도 곧 면접을 보게 된다. 철수 씨 입장에서는 A사와의 면접이 잘못되더라도 B사라는 강력한 대안이 생긴 것이다. 그렇다면 이 경우에 철수 씨는 A사와 면접을 보더라도 이전 경우보다는 훨씬 자신 있게 대응할 수 있고, 연봉이나 직급에 대하여도 강력히 요구할 수 있을 것이다. 이처럼 배트나가 있는지 없는지는 협상을 하는 사람에게 강력한 힘을 실어 준다. 더 큰 자신감과 협상 파워를 가질 수 있게 한다.

**상황 5 ▸** A사는 B사가 철수 씨를 채용하려고 한다는 것을 알게 되었다(A사는 철수 씨가 B사로도 입사가 가능해져 A사의 배트나 약화).

만일 A사 입장에서는 B사가 철수 씨를 강력히 채용하고자 한다는 점을 알게 된다면 A사의 배트나는 더 약해진다. 철수 씨와 면접을 진행하면서 연봉이나 직급에 대한 협상을 잘못 진행하면 철수 씨를 B사에 빼앗기기 때문이다.

**상황 6 ▸** A사는 철수 씨 외에도 영희 씨, 광수 씨라는 추가 입사 후보자가 생겼다(A사의 배트나 다시 강화, 철수 씨에게는 영희, 광수라는 경쟁자가 생겼으므로 배트나 다시 약화).

그렇다면 배트나는 여기서 멈추는 것일까? 만일 또 다른 상황이 벌어진다고 하자. A사는 철수 씨 이외 다른 사람이 없을지 찾게 되었는데, 마침 대구와 광주에서 부산으로 이사하는 영희 씨와 광수 씨를 알게 되었다. 이 세 사람 모두는 비슷한 능력과 경력을 갖추고 있다. 그럴 경우 A사는 좀 전과는 전혀 다른 배트나를 가지게 된다. 철수 씨가 아니더라도 영희 씨나 광수 씨를 뽑으면 되기 때문이다.

...

이처럼 배트나는 어느 한 순간 멈춰 있거나 불변의 것이 아니며 상황 변화와 내가 얼마나 배트나를 강화시키느냐에 따라 언제든지 변화할 수 있는 것이다. 만일 어느 순간 나의 배트나가 약한 것으로 생각이 된다면 나의 배트나를 한 번 더 점검해야 한다. 더 강화시킬 부분은 없는지 혹은 또 다른 배트나를 찾을 수는 없는지 등등을 더 고민해 보아야 한다. 그리고 상대의 배트나도 살펴보면서 상대의 배트나가 너무 과장된 것은 아닌지 혹은 허풍은 아닌지 제대로 알아보아야 할 것이다.

예를 들어 위의 경우 철수 씨는 갑자기 나타난 영희 씨와 광수 씨로 인해 자신의 배트나가 더 약화된 것은 아닌지 의심할 수 있다. 그러나 영희 씨와 광수 씨가 자신이 가진 중국어 실력이 없다는 점 그리고 철수 씨는 부산에서 일을 구하지 않고 차라리 자신의 경력을 살린 회사를 창업하는 것도 가능하다는 점을 알게 된다면 철수 씨는 A사와의 협상에서 좀 더 협상 파워가 있다고 생각하게 될 것이다.

배트나는 사실 어느 순간에 어떤 모습으로 정의하는 것은 어려운 일이지만 협상안을 준비하는 과정에서 최대한 현재의 상황에 알맞은 나와 상대의 배트나를 정의하고 나의 배트나를 더 강화시키는 노력은 충분히 그 가치가 있다.

협상 플랜 디자인 부분은 부록의 '협상 준비서(NPP) 작성법'에서 다시 설명하므로 한 번 더 읽어 보면서 이 부분을 완전히 이해하도록 한다.

# 세 번째 단계:
# 협상 테이블 디자인

**6** ───────────────────

협상 기술을 배우고 이해는 했지만 실제 협상 테이블에서 적절한 시점에 사용하는 것은 쉽지 않더군요. 마치 바둑 기사가 상황에 맞게 적절한 곳에 돌을 올려두는 것처럼 말이죠. 바둑 기사가 끝없이 연습을 하듯 협상도 많은 연습을 해야 할 것 같았습니다.

───────────────────── **9**

협상에서 가장 중요한 것은 역시 실행이다. 협상 상황과 플랜을 디자인한 후 이를 실제로 이루려면 이를 효과적으로 실행에 옮겨야 한다. 디자인대로 실행에 옮기기 위해서는 수차례의 반복 연습이 뒤따라야 한다.

...

　세 번째 단계에서는 디자인된 협상 플랜을 가지고 실제로 협상을 진행하면서 어떤 순서로 대화를 진행할지 협상 테이블을 디자인해야 한다. 협상 플랜을 아무리 잘 디자인해 두었더라도 실제 테이블에서 제대로 활용하지 못하면 무용지물이 된다. 상대방 유형에 따라 다르겠지만 간단한 라포 형성으로 시작한다. 상황에 따라 어떤 제안을 먼저 하고 최종 제안을 어떻게 할지 등등의 협상 기술의 적용 시점 등도 디자인한다. 당신이 의도한 협상 레버리지를 실현하는 시점이기 때문에 평소 사전 연습 혹은 리허설이 중요하다.

## 협상 테이블에서의 계획을 디자인하라

　협상 상황과 플랜을 디자인했다면 이제는 협상 테이블에서 어떻게 진행할지 디자인해야 할 것이다. 협상 테이블에서는 자신의 협상 목적을 이룰 가능성이 가장 높은 방향으로 디자인해야 한다. 예를 들어 초반에 라포를 어떻게 형성할지 그리고 안건들을 하나씩 해결할 것인지 아니면 전부를 테이블에 올려놓고 트레이드 오프할 것인지 그리고 각각의 제안에 대하여 어떤 기술을 사용할 것인지 등등에 대하여 상대가 어떻게 대응할지를 염두에 두면서 디자인해야 한다.

협상 테이블 디자인을 하고 나서는 이를 실행에 옮겨야 한다. 문제는 상대가 우리가 디자인한 대로 협상에 응해 줄 것인가이다. 상대도 디자인한 협상 시나리오가 있을 것이기 때문이다. 나의 의도대로 상대가 움직여 주지 않거나 오히려 상대가 디자인한 대로 내가 움직일 수도 있다. 협상은 상대가 있고 그 상대는 감정과 인식의 체계를 나와 다르게 가질 수 있는 인간이어서 예측이 빗나갈 수 있고 갑자기 다른 양상으로 협상이 벌어질 수도 있다.

미리 준비된 협상 테이블 디자인은 센스 있고 순발력 넘치는 협상가가 자신의 능력을 더 편안하고 능률적으로 발휘하게 하는 중요한 도구가 될 수 있다. 즉 협상 테이블 디자인이라는 도구와 뛰어난 협상가는 서로의 가치를 더욱 높여 주는 상호적인 관계가 된다는 점이다.

## 상대방의 신호를 읽는 능력을 키워라

예측이 어렵고 변화무쌍한 상대인 인간과 협상을 진행하면서 디자인한 대로 협상이 이루어지려면 협상가는 뛰어난 센서와 순발력을 갖추고 있어야 한다. 뛰어난 센서가 필요한 이유는 상대가 보내는 여러 가지 복합적인 신호들을 읽어 내야 하기 때문이다. 상대는 언어로 신호를 보낼 수도 있고 행동으로 신호를 보낼 수도 있다. 때로는 침묵과 회피로 신호를 보내기도 한다. 이러한 여러 가지 신호를 즉각적으로 잘 읽고 오해하거나 과민 반응을 보이지 않으면서 상대가 원하거나 의도하는 바를 이해하여야 한다. 이러한 신호를 바탕으로 준비한 협상 디자인을 재확인하거나 수정하거나 혹은 새로 만들어야 할 수도 있다. 만일 상대가 보내는 신호를 간과하거나 무시하거나 혹은 오해한다면 사실상 협상 디자인은 잘 적용되지 않을 수 있다.

조직이나 기관 혹은 협상단에서 한 사람 정도는 반드시 이런 신호들을 잘 읽고 해독할 수 있는 능력을 갖춘 사람이 필요하다. 그리고 그 다음은 뛰어난 순발력을 가진 사람이다. 뛰어난 순발력은 협상 테이블에서 상대가 보내는 신호와 상황 변화를 뛰어난 센서를 통해 읽은 다음 상대와의 대응에 필요한 조치를 협상 디자인 도구에서 찾아내는 데 필요하다.

협상은 즉각적으로 상대에게 반응해야 하는 것은 아니지만 대개의 경우 시간의 제한이 있기 마련이어서 대응해야 할 조치가 늦을수록 불리한 상황이 전개될 수도 있다.

···

상대가 보내는 언어적·비언어적 신호를 읽는 것은 모든 인간이 갖추고 있거나 훈련된 것이 아니다. 어떤 사람은 직업적으로 이러한 신호에 더 민감해 있을 수 있고, 어떤 사람은 덜 민감해져 있을 수도 있다.

최근 스마트폰, 인터넷의 발달은 업무상 사람과 사람이 대면하는 일이 줄어들기 때문에 상대의 언어적·비언어적 신호를 감지할 기회가 함께 줄어들고 있다. 만일 자신이 협상을 더 잘해야 하는 상황에 있고 상대가 보내는 신호를 잘 읽고자 한다면 자신이 이에 대하여 더 많은 관심을 가져야 한다. 즉 상대의 얼굴과 동작을 대화 시 관찰하는 습관이 필요하며, 상대가 하는 말도 중요한 부분만 이해하기보다는 전반적인 내용 모두를 이해하려고 하는 습관이 필요하다.

상대와 대화하는 경우 아이 콘택트eye contact를 하지 못하고 상대의 음성만을 듣는 경우에는 상대의 눈빛이나 동작을 감지하지 못하므로 상대가 보내는 신호를 충분히 읽지 못하게 된다. 대화 시에 상대의 눈과 동작을 관찰하면서 상대가 말하는 언어적 신호를 감지하는 습관을 키우는 것이 상대가 보내는 신호를 읽는 데 큰 도움이 된다.

## 협상 테이블에서 진행은 플랜대로 하라

노련한 협상가라 할지라도 막상 협상 테이블에 앉으면 준비한 시나리오를 잊어버리기 쉽다. 협상 플랜 디자인을 충분히 준비했다면 중요한 것은 협상 테이블에서 준비한 내용에 따라 협상을 진행하는 것이다. 그러나 협상 테이블에 앉으면 긴장하거나 당황하는 일들이 벌어져 준비한 내용이 제대로 실현되기 어려울 수 있다.

협상 테이블에서 당황하는 주된 이유는 개인적인 성향 때문일 수도 있겠으나 상대방이 내가 원하는 대로 응해 주지 않거나 혹은 전혀 다른 방향으로 협상을 이끌어 가려고 하는 경우이다. 혹은 인신공격을 하여 내가 스스로 감정을 주체하지 못하거나 심지어는 상대가 협상을 할 생각이 전혀 없는 경우에도 일어난다. 이런 상황을 맞닥뜨리면 대부분의 사람들은 크게 당황하거나 감정적이 되어 자신이 준비한 내용이 잘 생각나지 않는다.

흔히 많은 사람들이 이런저런 이유로 당황하는 순간에 빠지면 머릿속이 하얗게 된다고 한다. 협상 디자인을 준비해 놓은 협상 준비서(NPP)는 물론이고 협상장에서도 준비한 협상 준비서(NPP)가 있었다는 사실조차 잊어버리게 된다. 상대는 이 점을 이용하여 치밀하게 준비해 간 협상 플랜 대신 즉흥적인 결정을 내리도록 유도할 수 있다.

즉흥적인 결정은 협상 테이블에서는 마치 잘한 것처럼 생각되지만 협상장을 떠나 사무실에서 곰곰이 생각해 보면 어리석은 결정을 했다고 생각하는 경우가 많다. 그러므로 협상장에서는 반드시 최종적인 의사 결정을 내리기보다는 "회사 내부의 검토를 거쳐 다시 최종 답변을 드리겠습니다."라고 하는 것이 좋다. 개인적인 일이라면 "집에 돌아가 배우자와 상의해 보겠습니다." 혹은 혼자서 결정해야 하는 일이면 "하루 정도 생각해 보고 결정하겠습니다."라고 하는 것이 좋을 것이다. 이럴 때를 대비하여 조파를 미리 꼼꼼히 준비해 놓으면 그 한도 내에서 결정되는 한 큰 문제는 없다.

...

협상 테이블에서 잠시 떠나 차를 마시며 숨을 고르면서 준비한 NPP를 다시 꺼내 보거나 혹은 중요한 부분을 다시 생각하는 것이 중요하다. 그리고 다시 협상 테이블로 돌아가 준비한 협상 디자인을 다시 떠올리고 상대가 보내는 신호와 상황 변화들을 감지하면서 다시 협상을 진행해야 한다.

만일 디자인한 협상 내용을 바꾸어야 한다면 반드시 팀 구성원이나 이해관계자와 다시 수정 사항에 대한 합의를 이루는 것이 좋다. 그래서 쉬는 시간에 이에 대하여 다시 논의해 보거나 혹은 그날의 협상 일정을 잠시 멈추고 다른 일정을 다시 잡으면서 팀과 디자인한 협상 내용에 대해 다시 검토하고 수정하는 것이 좋다.

대개 협상 테이블에서는 감정이 고조되고 긴장되며 부정적 혹은 너무 긍정적인 감성에 휩쓸리기 쉽기 때문에 자신이 생각하는 것을 너무 믿어서는 안 된다. 많은 협상가들이 협상에서 잘못된 협의를 하는 중요한 이유 중의 하나가 협상 테이블에서 갑자기 협상안을 바꾸어 이에 합의해 버리고 마는 것이다.

협상 테이블에서의 감정과 기분 혹은 생각으로 상대와 합의해 버리지 말고 협상 디자인을 함께 준비한 팀과 반드시 협의하는 것을 잊지 않도록 한다.

## 협상 시나리오를 반복 훈련하라

협상 테이블에서 디자인한 대로 상대와 협상을 진행하기 위해서는 준비한 기술들을 충분히 활용해야 한다. 협상 테이블에 앉으면 자신이 잘 준비한 기술들을 꺼내 보이기도 전에 협상이 끝나는 경우도 있다. 너무 긴장한 나머지 자신이 어떤 준비를 했는지조차 잊어버릴 수 있다. 협상에 집중하여 상대와의 대화에 빠지다 보면 자신이 준비한 내용이 무엇이었는지조차 잊어버리는 것이다. 뿐만 아니라 상대에게 활용할 수 있는 협상 기술도 제대로 써 보지 못하는 경우가 허다하다. 이런 경우를 대비하여 충분한 사전 훈련과 더불어 협상 장소에 미리 도착해서 자신과 팀이 준비했던 협상을 위한 기술들과 시나리오를 하나씩 떠올려 보는 것이 매우 중요하다. 언제 어떤 기술을 사용할지 시나리오를 미리 구성해 보는 것이다.

또 하나의 방안은 협상을 할 때는 가급적 혼자 가지 말 것을 권고한다. 혼자 가게 되면 자신이 해야 할 역할을 충분히 수행하기 힘들어지고 감정 조절이 필요한 경우에도 오롯이 혼자 해내야 하며 준비한 여러 가지 협상 플랜들과 협상 기술들을 제대로 활용하지 못할 확률이 높다. 따라서 최소한 2인 1조가 되어 협상 시나리오대로 훈련을 해 보고 실제 상황에서는 중간중간 동료와 시나리오대로 잘하고 있는지 확인하면서 진행하는 것이다. 중요한 협상은 충분히 이렇게 해 볼 가치가 있다.

# 네 번째 단계: 협상 결과 분석

> 우리 회사는 협상을 참 많이 했고 좋은 정보와 경험도 많이 쌓였다고 생각했습니다. 그러나 막상 생각해 보니 우리 회사의 협상 역량은 늘 제자리걸음입니다.

협상이 종료되면 이를 분석해서 어떤 부분을 개선할지 고민해야 한다. 그렇지 않으면 정보가 쌓이기만 하고 정리되지 않을 뿐만 아니라 더 나은 방향으로 개선되지도 않는다.

...

네 번째 단계로 협상 결과를 체계적이고 조직적으로 분석할 필요가 있다. 협상을 잘하는 조직도 준비와 실행까지만 잘하고서 결과 분석을 제대로 해 놓지 않으면 다음 협상에서 더 잘할 수 있는 방법을 찾기 어렵다. 협상 결과 분석을 제대로 해 놓지 않은 조직은 시간이 지나더라도 협상 역량이 크게 향상되지 않고 제자리걸음을 할 뿐이다.

## 결과 분석을 통해 다음 협상을 준비하라

대부분의 회사들은 협상을 자주 하고 있더라도 협상 결과를 분석하고 이에 대한 정보를 가공하여 공유하는 경우는 많지 않다. 대부분 부서 단위 혹은 개인 단위로 협상을 하고 나서 그 자체로 종료되고 만다. 협상 진행이 제대로 되지 않아 공개하고 싶지 않은 이유도 있을 것이다. 협상 진행과 결과가 좋았던 경우도 개인 혹은 팀의 능력으로 치부하지 이를 체계적인 방법론으로 정리하지 않는 경우가 많다. 즉 큰 회사라 할지라도 협상에 대한 결과 분석을 통한 노하우는 축적되어 있지 않는 경우가 거의 대부분이었다. 그러다 보니 개인별, 팀별, 회사별 협상 실력은 늘 제자리인 경우가 많다.

협상이 종료되면 협상 시나리오가 예상대로 진행되었는지, 진행되지 않은 부분은 무엇인지, 상대의 반응과 그에 대한 대응은 적절했는지, 참여한 협상가들의 역량은 충분했는지에 대하여 분석이 반드시 필요하다. 국내 기업들과 미국, 영국 등의 선진 기업들이 협상 분야에서 차이를 좁히지 못하는 이유이다. 미국, 영국 등의 선진 기업들은 국제무대에서의 오랜 활동으로 여러 국가, 민족들과 협상을 해 오면서 다양한 노하우들이 체계적으로 축적되어 있다. 이 모두가 현재는 자신들의 재산이 되고 있다. 만일 협상 결과 분석을 체계적으로 하고 이를 개인, 팀, 회사의 재산으로 하고자 한다면 다음 사항을 유의하면 좋을 것이다.

- 협상 플랜과 실제 협상의 다른 점은 무엇이었나?
- 상대방의 배트나는 예상보다 어땠는가?
- 상대의 인간적 특성에 따른 유형은 예상대로였나? 만약 달랐다면 어느 점이 달랐나?
- 준비한 협상 시나리오가 활용될 만한 다른 상황은 어떤 것인가?
- 상대의 욕구, 욕망, 공포, 근심에 대한 새로운 단서는 무엇인가?
- 내가 예상한 상대방의 조파ZOPA는 실제로 어떠한가?
- 다음 협상을 준비하기 위해 필요한 새로운 협상 기술은 무엇인가?
- 협상 플랜대로 되지 않은 경우 결정적인 문제는 무엇인가?
- 나에게 향후 중장기 협상 역량을 더 키우기 위해 필요한 훈련은 무엇인가?

위의 체크리스트 외에도 필요한 사항들을 회사, 조직 내에서 반복하다 보면 향후에 협상을 어떻게 준비하고 어떤 기술을 더 키워야 하는지가 더 명확하게 보일 것이다.

제5장 Key Point

- 큰 배나 집을 지을 때 설계도를 그리듯이 협상에서도 상황을 디자인 하고 플랜을 디자인하라.
- 협상이 디자인한 대로 되지 않으면 반드시 내부적으로 다시 검토해서 수정하고 업데이트하여 협상 테이블에 가도록 한다.
- 협상이 끝나면 반드시 결과를 분석하여 회사나 조직에서 유용한 자료 가 되도록 한다. 협상이 끝나고 정리되지 않으면 그 회사나 조직은 협 상 역량이 겉돌게 된다.

# 상대가 반칙을 한다면

협상은 상대의 부당한 공격과
반칙을 피하고 대처하는
현명함을 갖추어야 성공할 수 있다.
10가지 트릭을 미리 알고 대처하라.
반칙에 당하지 않는 것도
실력이다.

# 상대가
# 트릭을 쓰는 이유

> 6
>
> 상대와 힘겨운 협상을 하고 마침내 합의를 이루었는데, 심리적으로 위축되고 그다지 기쁘지 않았어요. 마지막 순간 상대의 미묘한 미소가 떠오르고 나를 괴롭히고 압박했던 상대의 말들로 기분이 상했습니다.
>
> 9

협상은 상대와 공정하게 진행되는 것을 원칙으로 하지만 내 생각과는 다르게 상대는 나를 공정하지 않게 다룰 수 있다. 나의 불안한 심리를 이용할 수도 있고 거짓 정보를 통해 잘못된 판단으로 유도하거나 인신공격을 하거나 압박을 통해 나의 선의의 의지를 굴복시킬 수도 있다.

...

협상을 앞두고 혹은 협상을 하는 도중에도 끊임없이 협상 플랜을 디자인하듯이 상대도 나와의 협상을 디자인할 것이다. 그리고 상대는 더 큰 이익을 얻기 위해서 속임수나 심리적 압박을 계획할 수도 있다. 즉 트릭의 수단을 집어넣는 것이다. 협상 플랜에 트릭을 집어넣는 이유는 정상적인 방법으로는 큰 이익을 얻을 수 없을 것이라고 판단하기 때문이다. 이때 상대적으로 유리한 입지에 있지 않은 나는 상대가 압박을 해 오면 심리적으로 위축되면서 정상적인 판단을 하기 어려워진다. 결국 그 압박에 굴복하고 상대가 원하는 협상에 합의할 수밖에 없을 것이다.

상대의 트릭에 합의하게 되면 당시에는 어쩔 수 없다고 생각하지만 돌아와서 생각할수록 분하고 안타깝게 생각된다. 혹은 어떤 사람들은 상당한 시간이 지나서야 그것이 속임수였다고 생각하기도 한다. 어떤 사람은 협상 강의를 통해 트릭의 유형들을 배우면서 자신이 협상에서 상대에게 속았다는 것을 깨닫기도 한다. 이런 모든 상황들은 자신이 부족했다고 생각하게 하고 상대에 대하여는 분노와 증오를 느끼게 한다. 상대에게 트릭을 써서 이득을 취한 사람도 그다지 큰 이득을 취하지는 못한다. 그런 반면 상대로부터 더 큰 보복이나 관계의 단절을 경험한다. 트릭은 당사자 모두에게 관계나 이익 측면에서 더 나은 면이 사실 없다. 그러면서도 적지 않은 협상가들이 트릭을 시도하고 트릭에 당하기도 하고 트릭으로 모두가 피해를 보기도 한다.

다음에 소개하는 여러 가지 사례를 살펴보면서 협상 테이블에서 유사한 경우가 생긴다면 한번쯤 상대의 트릭으로 의심해 볼 만하다. 최소한 이런 유형의 트릭에 대한 공통적인 대응 방법으로 첫번째는 상대가 트릭을 사용한다는 것을 알아차리는 것이다. 대부분의 협상가들은 상대의 트릭을 알아차리지 못하여 그 이후의 협상 과정에서 판단의 실수와 잘못된 합의를 하게 된다. 두 번째는 나의 감정을 관리하면서 상대에게 이러한 트릭이 그다지 효과가 없을 것이라는 점을 전달하는 것이다. 직설적으로 공격하기보다는 상대의 그러한 트릭이 나의 감정을 불편하게 한다는 표현이 좋을 것이다. 이러한 대응 방법에 따라 상대가 트릭을 사용하는 것을 포기하게 하고 더 나은 협상으로 유도해 줄 것이다.

# 휘두르기
## 굿캅 베드캅

**6**

두 명의 협상 상대 중 한 분은 나에게 정말 잘해 주었죠. 그
래서 그 분을 믿고 신뢰했어요. 다른 한 분은 정말 고약했
지만요. 뭔가 홀린 것도 같네요. 그때는 나한테 잘해 준 사
람을 의지할 수밖에 없었습니다.

**9**

두 명의 상대가 굿캅<sup>good cop</sup>, 베드캅<sup>bad cop</sup>으로 역할을 분담해
한 명은 온화하고 친근한 역할을 하고, 다른 한 사람은 난폭
하며 적대적인 역할을 맡아 번갈아 가면서 상대를 대한다. 굿
캅 역할을 하는 사람을 더 믿게 하여 판단을 잘못하도록 유도
하는 것이다.

극단적으로 호의적인 사람과 적대적인 상대가 있을 경우 당연히 나에게 친근한 역할을 하는 사람을 더 의존하고 신뢰하게 된다. 상대가 자신을 신뢰할 수 있는 사람으로 만든 다음 자신에게 더 많은 것을 양보하게 하거나 정보를 털어놓게 만드는 것이다.

굿캅good cop, 베드캅bad cop 트릭은 영화 속에서도 자주 등장하며, 예전 냉전 시대에는 상대 나라의 스파이를 심문할 때도 사용하여 효과를 보았다고 하니 특히 조심하여야 할 트릭이다.

상대의 이러한 트릭에 당하지 않기 위해서는 가능한 2인 이상이 함께 협상을 하는 것이 좋다. 혼자서 상대를 대하면 아무래도 상대의 압박과 기술에 넘어가기 쉽다.

...

김 대리는 회사 5년차 영업 사원이다. 최근 거래처를 한 군데 개발하여 주문 계약을 위해 회사를 방문하였다. 담당자인 최 차장은 만나자마자 반말 비슷한 투로 제품에 대해 물어 보더니 가격 얘기가 나오자 화를 버럭 낸다. 급기야 책상을 탕 치면서 나가 버린다. 김 대리는 상대의 이런 태도에 마음이 많이 상하였지만 애써 만든 거래처를 잃고 싶지 않아 꾹 참았다.

그러던 중 최 차장의 동료인 김 차장이 다가와 말을 건다.

"김 대리님, 너무 마음 상해하지 마세요. 저 사람 원래 저래요. 저와 얘기 좀 나누시죠."

좀 전의 최 차장과는 완전히 다른 말투와 태도이다.

"제품이 참 좋은 것 같네요.. 참, 커피도 한잔 못 드렸네요."

김 차장은 자신이 계약하려는 제품에 대해 우호적이고 성격이나 태도도 매우 좋은 사람이라고 김 대리는 생각한다. 마음속으로 김 차장 같은 사람이면 어떤 조건이라도 맞추어 줄 용의가 있다고 생각한다.

### ◆ 상대의 협상 디자인 & 트릭

사실 최 차장과 김 차장은 김 대리가 오기 전 역할을 나누고 김 대리가 아직 경험이 많지 않다는 점을 이용해 최대한 좋은 조건으로 구매 계약을 맺으려고 계획한 것이다. 최 차장이 악역(베드캅)을 맡으면 김 차장이 수습하면서 김 대리의 환심을 사서 최대한 좋은 조건으로 계약을 하기 위함이었다.

### ◆ 나의 대응

누구나 굿캅, 베드캅 트릭에 말려들기 쉽다. 이러한 경우 감정이 동요되어서는 안 된다. 감정이 동요된 상태에서 대화를 이어가다 보면 김 대리처럼 편향된 판단을 내리기 쉬워진다. 상대가 자신을 대하는 태도가 너무 극단적이라는 생각이 들면 잠시 대화를 멈추고 감정을 가다듬고 나서 준비한 협상 플랜에 따라 현안에 다시 집중해야 한다. 당일에는 더 이상 진행하지 않고 협상 일정을 다시 잡도록 한다.

위의 경우 최 차장에게 다음과 같이 얘기해 볼 수 있다.

"최 차장님, 오늘 기분이 좋지 않으신가 보네요. 저도 오늘 마음이 불편하니 다음에 다시 협의를 해 보면 어떨까요?"

혼자서 감정 조절이 어려운 사람은 동료와 함께 서로 감정을 나누면서 대화를 통해 상황을 정리하고 협상을 이어나가는 것이 좋다. 만일 두 사람이 동행해서 위의 미팅에 참석했다면 동료가 나의 감정을 살피거나 최 차장을 담당할 수도 있을 것이다.

"김 대리님, 최 차장님은 제가 담당하겠습니다. 무슨 일로 저러는지 한번 알아보죠. 김 대리님은 김 차장님과 한번 얘기를 이어 보시죠."

중요한 협상이라면 최소 2인 이상이 동행하는 것은 충분한 가치가 있다.

# 이번만 더
## 계속적인 요구

**6**

회장님이 이번 계약을 보더니 보증 기간을 6개월 더 연장해야 계약 체결에 승인하시겠다고 하는데 어쩌죠? 이번이 마지막이니 한 번 더 양보하라는 겁니다.

**9**

상대가 협상이 진행되면서 조금씩 뭔가를 얻어내려고 하는 트릭일 수 있다. 상대가 마지막 순간에 거절하기 어렵다는 심리를 최대한 악용하는 것이다.

...

상대가 한꺼번에 많은 것을 요구하면 들어 주지 않을 것으로 예상하고 상대에게 조금씩 양보를 얻어내려는 상황이다. 상대가 조금씩 양보를 요구하므로 쉽게 뿌리치기도 힘들다. 그래서 조금씩 들어 주다 보면 끝없이 양보하게 된다.

상대가 어쩔 수 없이 요구하는 것이 아니라 트릭이라고 판단되면 상대에게 나도 대가를 요구하는 것도 좋은 방법이다. 상대가 자신이 요구하려면 무엇인가를 양보해야 한다는 사실을 알면 멈출 수도 있다.

...

유통 회사에 다니는 김 대리는 오랜만에 새로운 거래처 최 부장과 구체적인 거래 조건을 협상하였다. 매우 호의적이어서 협상이 금방 끝날 줄 알았다. 처음에는 모든 조건을 단번에 합의할 듯 하더니 시간이 지날수록 가격을 더 인하하고, 거래 대금의 지급 기간을 더 길게 하자고 요구했다. 그러더니 반품 가능 기간을 더 길게 잡자고 또 요구했다. 하나둘씩 요구 사항은 계속 늘어 갔다. 김 대리는 이번 거래를 망치기 싫어서 하나씩 요구를 들어 주었다. 더 이상 요구를 받아들이는 것은 어렵다고 생각했지만 단호하게 말하기도 어려웠다.

◆ 상대의 협상 디자인 & 트릭

최 부장은 이런 방식으로 거래 조건을 협상하는 것으로 유명했다. 순조롭게 거래 조건을 합의해 줄 듯 하면서 조금씩 요구 사항을 늘려 가는 것이다. 이런 방식으로 최 부장은 최대한 많은 조건을 유리하게 만들어 갔다. 이렇게 해도 상대가 쉽게 거절하지 못한다는 것을 경험으로 알았던 것이다.

◆ 나의 대응

상대가 처음에 순조롭게 협상을 시작하면 기대감을 가지고 대화를 하게 되며 중간에 상대의 요구를 거절하기 어렵다. 하지만 상대가 부득이한 상황이 아니라 의도적이라는 생각이 들면 상대 요구에 대응하여 나의 조건을 내건다.

"최 부장님, 가격 인하와 대금 지급 조건을 바꾸는 것은 가능하지만 물량 주문이 지금보다 2배가 되어야 하는데 괜찮을까요? 만일 괜찮으시면 제가 본사를 설득해 보겠습니다."

이렇게 전달하면 상대에게 거절하는 것보다 더 나은 방향으로 협상을 이끌어 갈 수 있다. 상대가 생각하기에도 합당한 제안이므로 이를 거절이라고 생각하기 어렵다. 또한 계속적으로 추가적인 요구를 하는 것이 부담스러워진다.

최 부장이 추가적으로 협상 조건을 요구할 때 김 대리는 이에 맞서 타당한 협상 조건을 제안하는 것이다. 그러면 상대는 전처럼 쉽게 요구 사항을 추가하기 힘들어진다. 또한 상대는 쉽게 거절하지 못한다는 것을 예상하고 있으므로 경우에 따라 더 이상의 조건 협상은 없다는 것을 강조하여 단호한 모습을 보여 주는 것도 좋은 방법이다.

# 이러려면 하지 마
### 지위에 따른 압박

6

아니 이게 최종 가격인가요? 이럴려고 우리에게 공급하자
는 건가요? 이럴 거면 그만두세요. 우리와 거래할 사람들
많으니까요!

9

상대가 자신의 지위 특히 구매자라는 지위를 이용해 상대에
게 심리적으로 압박을 가하는 상황이다. 자신의 요구를 들어
주지 않으면 협상을 결렬시키겠다고 엄포를 놓는 것이다.

...

상대는 자신의 지위를 이용하여 지나치게 압박을 가하고, 이
에 대하여 협상 결렬의 공포심을 느끼게 한다면 많은 경우 상대

의 요구를 들어 주는 쪽을 택하기 쉽다. 그러나 이러한 양보는 추후에도 계속 이어지고 상대는 더 많은 요구를 하게 될 것이다.

상대가 만일 반복적으로 지나치게 요구해 온다면 더 나은 배트나를 준비하고 있어야 한다. 상대에게 내가 가진 배트나를 보여 주면서 상대의 압박을 멈추게 하는 것이다. 따라서 협상 플랜을 디자인할 때에는 좀 더 나은 배트나를 개발하고 있어야 한다.

...

전자업체에서 일하는 최 과장은 유럽의 한 백화점에 제품을 수출할 기회를 얻게 되었다. 협상 상대인 바이어는 처음에는 신사적이더니 자신이 원하는 조건을 들어 주지 않자 "이런 제품은 다른 곳에서도 충분히 주문할 수 있습니다. 당장 모든 조건을 맞추어 주세요." 하고 갑자기 화를 내면서 태도가 돌변하였다.

상대 바이어는 가격뿐 아니라 자신이 원하는 조건을 들어 주지 않으면 당장이라도 거래 자체를 취소할 태세였다. 최 과장은 상대의 태도에 당황스러워졌다. 상대의 요구를 모두 수용하면 사실 수익은 거의 없는 상황이었던 것이다.

◆ 상대의 협상 디자인 & 트릭

협상 상대인 유럽 백화점의 바이어는 원하는 조건을 들어 주지 않을 경우 구매자라는 지위를 최대한 이용하여 상대에게 압박을 가하는 방법을 사용했다. 모든 조건을 들어 주지 않는다면 협상 자체를 거절하겠다는 식이다. 상대에게 기대감을 심어 주고 나서 지위를 이용하여 압박하는 것이다.

◆ 나의 대응

협상을 진행하다 보면 자신의 지위가 조금이라도 높거나 구매자 입장일 경우 자신의 힘을 악용하는 경우가 많다. 최 과장이 속한 회사의 강점이나 계약했을 경우 백화점이 가질 수 있는 가치 그리고 바이어가 상대 회사 내부에서 얻을 수 있는 좋은 평가 등을 부각시켜 협상을 유리한 방향으로 전환시킬 수도 있다. 그러려면 강한 힘을 발휘할 만한 배트나를 만들기 위해 항상 노력해야 한다.

또는 최 과장 회사의 배트나가 나쁘지 않다면 바이어에게 타 경쟁 백화점에 수출할 수 있다는 점도 넌지시 전달하여 상대가 자신을 압박하는 것이 어리석다는 점을 알리는 것도 좋을 것이다. "우선 요청한 내용이 가능한지 최대한 알아보도록 하겠습니다. 다만 요즘 저희 회사에서 다른 거래처가 늘어나고 있고, 최근에 또 새로운 대형 거래처가 생겨서 부담스러워할지 모르겠습니다. 저희도 공급할 물량이 항상 충분한 것은 아니어서요."라고 말이다.

# 이것밖에 못해?

## 상대에 대한 심리적 위축

**6** ───────────────────

언제나 협상을 하면 주눅이 드는 상대가 있습니다. 소심한 성격도 아닌데 요즘은 우울증에 걸린 사람 같습니다.

─────────────────── **9**

인간은 심리적으로 위축되면 자존감을 잃을 수도 있고, 의사 결정을 하는 데 있어서도 실수를 하게 된다. 상대는 이런 점을 이용해 더 많은 것을 얻으려 한다는 것을 알아야 한다.

...

상대가 만일 나에게 심리적으로 위축되는 말을 하거나 책상을 내리치면서 놀라게 한다면 상대는 당신이 심리적으로 위축되고 자존감을 잃기를 바라는 것이다. 이렇게 심리적으로 위축된 상태에서 의사결정을 내리면 당신은 후회할 선택을 하는 경우가 많으며, 이렇게 심리적으로 위축되기 시작하면 누군가의 도움을 요청할 수 있는 마음도 함께 위축되기 때문에 더 깊은 수렁에 빠질 수 있다.

상대와 협상을 할 때는 자신이 그런 상태에 빠질 수도 있다는 점을 알고 있으면 도움이 되며, 협상을 자주 해야 하는 상황이라면 이러한 상황에서도 의연하게 대처할 수 있도록 평소 명상을 하는 것도 도움이 된다. 그리고 최소 2인 이상이 협상에 참여한다면 심리적으로 크게 위축되는 일을 줄일 수 있다.

...

IT 회사에 다니는 장 과장은 상대 고객인 이 부장과 대화를 하다 보면 스스로 침울해지면서 자괴감이 자주 든다. 상대와 업무 내용의 범위에 대해 협상을 하다가 스스로 모든 것을 포기하고 상대가 원하는 대로 해 주고 싶다.

◆ 상대의 협상 디자인 & 트릭

상대의 심리를 위축시키면 더 나은 거래를 할 수 있다고 믿는 사람들이 많다. 이 경우 화를 내거나 빈정거리거나 자존심을 상하게 하면 상대가 위축되면서 더 좋은 조건을 제시할 것이라고 믿는 것이다. 이런 방법으로 효과를 본 사람은 다른 협상 상황에서도 반복하는 경우가 많다.

◆ 나의 대응

심리적으로 위축시키거나 자존감을 떨어뜨려 더 나은 거래를 의도하려고 한다는 것을 일단 알아차려야 한다. 상대가 나의 심리를 무너뜨리려는 의도가 있다는 것을 알아차리면 오히려 그런 상황을 만든 상대에게 그 점을 언급하는 것이 효과가 있다. 언급할 때는 상대의 말투나 인신공격 같은 말에 대해 직접적인 공격이나 반응하기보다는 그러한 상대의 태도로 인해 감정이 상한다거나 불편하다는 점을 전달하는 것이 좋겠다. 만일 나에게 더 나은 배트나가 있거나 이러한 상대로부터 얻는 실익이 적은 경우에는 과감하게 거래를 중단한다. 중단 시에는 상대의 태도로 인해 더 이상 협상을 이어 가는 것이 불편하다는 점을 전달할 수 있다. 최후의 수단으로 협상 상대의 상사나 더 윗선과 최종저으로 협상 상대에 대한 협의를 조심스럽게 해 볼 수도 있을 것이다.

# 고칠 수 없습니다
## 표준과 인쇄의 힘

상대와 계약을 체결하는 데 표준계약서라면서 사인을 하라고 하더군요. 모든 회사들이 다 그렇게 한다면서요. 계약서에서 수정할 부분이 있지 않을까 생각을 했는데 그냥 사인해야 할 것 같더군요.

표준이라든가 이미 인쇄되어 있다든가 하는 것은 때로는 매우 효율적이고 신속하게 계약이 이루어지게 하고 그 자체로 신뢰를 준다. 그러나 협상에서는 속임수일 수도 있다.

...

주로 글로벌 기업과 계약과 관련된 협상을 하다 보면 자신의 회사에서 만든 표준 계약서를 내미는 경우가 자주 있다. 그 표준 계약서는 고급 용지에 인쇄되어 있고 디자인도 멋지게 되어 있어 사인만 하면 된다고 말하는 경우가 종종 있다. 이때 계약서 내용을 검토하고 필요하면 수정을 해야겠으니 파일로 달라고 하면 상대는 pdf 파일로 전달한다. 이런 상황이라면 상대는 이 계약서는 표준이며 절대로 수정할 수 없다는 것을 은근히 암시하는 것이다. 상대가 제시한 이미 인쇄된 근사한 표준 계약서를 수정한다고 말하기 어려울 수 있다. 더구나 수많은 회사들이 이 계약서에 이미 사인을 했다며 사회적 증거의 법칙까지 들이대면 상대의 트릭에 넘어갈 수밖에 없다.

이 방법은 주변에서 흔히 사용된다. 예를 들어 백화점에 진열된 제품에 적혀 있는 정찰가도 때로는 지켜지지 않을 때가 있다. 그러나 고객은 백화점이라는 장소가 주는 의미와 정찰가라는 용어 그리고 가격이 적혀 있는 잘 인쇄된 용지에서 가격을 깎을 수 없다고 생각하게 한다.

만일 협상 도중 상대가 인쇄된 용지, 표준이라는 용어를 사용하며 그대로 수용할 것을 요구한다면 한 번쯤 트릭이 아닌지 의심해 보아야 한다. "계약 검토를 위해 계약서 파일을 메일로 좀 보내 주시겠습니까?" 하고 말이다.

...

최 과장은 소프트웨어 회사로부터 기업용 회계 처리 분석 소프트웨어를 대량 구매하기 위해 계약서의 각 개별 조항을 재검토하고자 했다. 예전에 상대를 믿고 계약을 체결했지만 계약 기간 중 불리한 몇 개 조항이 있어 고생을 한 적이 있어 상대에게 계약서를 요구했다. 그리고 얼마 후 상대로부터 첨부 파일과 함께 메일이 왔다.

"계약서는 pdf 파일로 보내 드립니다. 계약서는 곧 인쇄하여 송부하도록 하겠습니다."

사실상 계약 내용을 검토할 수는 있지만 수정은 어렵다는 뜻으로 전달되어 온 것이다.

◆ 상대의 협상 디자인 & 트릭

글로벌 회사 중에서 계약 협상에 대한 위험을 줄이고자 자신들에게 유리한 계약 조건을 적은, 고급 용지에 멋지게 디자인된 근사한 계약서를 상대에게 제시하는 경우가 많다. 사실상 그대로 사인하라는 것이다. 마치 공신력이 있거나 수정이 불가할 것이라는 이미지를 심어 상대에게 수용을 요구하는 유사한 경우들이 많다.

◆ 나의 대응

기업 간 거래에서 계약 조건을 수정할 수 없는 경우는 없다. 모든 협상은 가능한 것이다. 상대가 개별 조건의 수정을 거절하는 것은 별개의 문제이다. 그럼에도 정황상 협상이 불가한 경우로 생각되는 경우가 종종 있다. 어떤 경우도 협상이 가능하다고 생각하고 적극적으로 수정이나 변경을 요구하는 협상을 시도해야 한다. 만일 상대가 표준계약서라는 점을 고집하면서 수정 가능한 형태의 파일을 전달하지 않는 경우 과감하게 협상을 일시적으로 중단한다. 그러면 거의 대부분 상대의 태도가 바뀐다. 만일 바뀌지 않으면 공식적으로 계약 조건 검토와 협상을 위해 필요한 자료를 줄 것을 공문이나 정식 이메일로 요청한다. 이메일에 다음과 같은 내용을 포함하여 상대 회사 담당자와 책임자에게 이렇게 보내 보도록 해 보라.

"귀사의 제품에 관심이 있고 거래를 희망합니다. 귀사가 제시한 계약 조건에 대하여 구체적인 사항들을 검토하여 협의하고자 하오니 이에 대한 계약서 및 자료를 송부하여 주시기 바랍니다."

# 나는
# 책임자가 아닙니다
## 권한 속임

6 ─────────────────────

많은 부분을 양보하고 마무리를 하려던 참인데 상대가 갑
자기 자신은 모든 권한을 가지고 있지 않으니 본사의 승인
을 받아야 한다고 하는 거예요. 어이없었지만 협상한 것을
뒤집을 수 없어서 참았습니다.

───────────────────── 9

협상 상대가 나중에서야 자신은 권한이 없다고 밝히는 경우
가 있다. 상대가 어느 정도까지 협상 권한이 있는지 확인하는
것은 협상에서 가장 기본이다.

...

협상에서 가장 중요한 것 중 하나는 협상 권한이다. 한참을 협

상하고 많은 문제들을 해결하고 나서 막상 합의문을 작성하려고 하는데 본사나 더 높은 사람의 승인을 받아야 한다는 말을 하면서 자리를 피하는 경우가 있다. 협상 권한이 없는 사람을 믿고 내부 승인을 받아 가면서 양보했다면 배신감을 느낄 수 있다.

이런 경우 '마지막까지 모두 합의되지 않으면 합의되지 않은 것이다.'라고 분명히 의사를 밝혀야 한다. 만일 상대가 권한이 없어 어쩔 수 없었던 것이 아니라 트릭을 사용하여 상대를 속인 것이라면 협상하면서 양보한 것들에 대하여 모두 무효로 할 수도 있다는 정도의 뜻은 밝혀야 한다.

...

"일단 여기까지 하고 본사의 승인을 받아 봐야겠습니다."

김 과장은 상대의 말을 듣고 귀를 의심하지 않을 수 없었디. 상대는 경륜이 있어 보이고 자신과 협상하면서 한 번도 자신이 권한이 없다는 얘기를 하지 않았다. 사실 모든 권한을 가지고 있다고 얘기하지도 않았지만 상대가 모든 권한을 가지고 있다고 믿었기 때문에 자신이 양보해야 할 사항은 모두 양보한 터였다.

◆ 상대의 협상 디자인 & 트릭

상대는 자신이 권한이 없거나 제한적이라고 하면 상대로부터 양보를 얻어 내기 어려울 것이라고 생각했을 것이다. 혹은 자신이 모든 권한을 가지고 있는 것처럼 보일 때 상대가 양보를 쉽게 할 것이라고 생각했을 것이다. 그렇다고 권한이 있다고 명시적으로 말할 수 없었다. 나중에 더 큰 문제가 생길 수 있기 때문이다.

최대한 상대가 어디까지 양보할 수 있는지 알아낸 후 마지막에 본사의 승인을 받겠다는 뜻을 내비친 것이다. 그렇게 하더라도 이미 협상이 상당히 진행되었는데 상대가 모든 것을 원점으로 돌리지는 않을 것이라는 계산이 있었던 것이다.

◆ 나의 대응

협상을 하면서 처음부터 어디까지 권한이 있으며 어떤 경우에는 경영층이나 본사의 승인을 받아야 하는지 구체적으로 명확히 해야 한다. 사실 이런 얘기를 상대에게 직접 묻기 어려울 수는 있다. 그리고 상대가 마치 모든 권한을 가지고 있는 것처럼 행동하기도 한다. "혹시 협상한 내용이 회사 내부적으로 어떻게 처리되는지요?"라고 간접적으로 이렇게 물어 보는 것은 좋다.

이미 확인해 보지 못한 상황이라면 상대에게 양해를 구하는 척하면서 "일단 승인을 한번 요청해 보십시오. 다만 승인이 거절되는 경우가 있으면 저희 쪽에서도 양보했던 안을 다시 철회해야 할지도 모릅니다. 이 점은 이해를 당부 드립니다." 하고 단호한 입장을 취하는 것도 나중에 어려운 상황을 피할 수 있는 대응 방법이다.

# 끝장 협상하셔야죠
## 잘못된 미팅

6 ────────────────────

모든 문제를 오늘 한번 다 해결해 봅시다. 우리 쪽은 전문
가들이 다 와 있어요.

──────────────────── 9

상대가 모든 준비와 필요한 인력을 다 갖춘 상태에서 협상에
임하는 것은 위험한 일이다. 만일 그렇다면 그 자리에서 의사
결정의 뜻을 내비추어서는 안 된다.

...

큰 프로젝트나 사업을 할 때 종종 상대가 협상을 요청하기도
한다. 평소 관행으로 볼 때 상대와 부하 직원 정도가 나와 있을 것
이라고 예상하고 미팅 장소에 갔는데, 상대뿐 아니라 상대 회사

변호사, 재무 담당자, 기술 담당자 그리고 부하 직원 몇몇이 함께 나와 있는 경우가 있다. 나는 겨우 혼자이거나 아니면 직원 한 명과 동행했지만 상대는 관련 전문가를 모두 참석시켜 놓고 기다리고 있는 것이다. 이런 경우 아무리 집중한다고 하더라도 정확한 판단을 내리기 어렵다. 그런 자리에서 그렇다고 감정이 상해서 자리를 박차고 나올 수도 없는 것이다.

...

"기왕에 다 모였으니 이번에 협상을 완전히 마무리할까요?"

'다 모였다니? 우리 측은 나와 동료 직원 한 명이 더 있을 뿐인데……'

미팅에 참석한 김 과장은 놀랄 수밖에 없었다. 담당자끼리 클레임 처리에 대해 협상을 하는 것으로 알고 회의장에 도착했는데 상대는 법무팀, 재무팀, 기술팀을 포함해 관련된 모든 담당자들이 회의 장소에 모여 있었다. 더구나 김 과장은 이번 회의 한 번으로 협상을 끝낼 수 없다고 생각하고 있었다.

"김 과장님, 이번에 협상을 끝낼 수 없으면 더 좋은 조건으로 합의할 생각이 없습니다."

상대는 이번 협상에서 모든 것을 끝내기를 바란다. 마치 이번 기회가 아니면 협상이 어려울지도 모른다는 협박 같다.

◆ 상대의 협상 디자인 & 트릭

상대는 미리 충분한 기회를 주지 않고 일단 협상 테이블에 끌어들인 후 이번 기회가 협상하기 가장 좋은 기회이자 반드시 협상을 마무리해야 하는 것으로 압박을 가한다. 충분한 기회와 사전 정보를 주면 오히려 불리해질 수도 있다고 생각하기 때문이다. 이번 기회에 협상을 마무리하면 더 나은 조건으로 할 수 있다고 미끼를 던진다. 상대가 승진을 앞두고 실적을 쌓아야 하기 때문에 거절하기 어려울 것이라고 예상한 것이다.

◆ 나의 대응

때로 예측하지 못했던 협상 상황이 벌어질 수 있다. 나는 충분히 준비하지 못한 상황에서 상대는 인력과 준비를 충분히 해 놓고 갑자기 합의를 보자며, 이번 기회를 놓치면 앞으로 좋은 협상안을 도출하기 어려울 것이라는 말도 전한다.

협상 테이블에 앉으면 이번 기회가 좋다는 생각이 들 때가 많다. 상대가 추켜세우거나 위협을 가하면 그 자리에서 임기응변으로 판단하는 것이 더 낫다고 생각하기도 한다. 자신에게 승진이나 어떤 인센티브가 걸려 있으면 바로 결정하고 싶은 욕구를 느끼기도 한다.

이러한 잘못된 감정이나 판단의 오류를 벗어나는 것이 급선무이다. 일단 예상했던 협상 자리가 아니라면 상대에게 정중히 거절하고 협상 테이블에서 중요한 결정이나 합의를 해서는 안 될 것이다.

"좋은 기회를 주셔서 감사드립니다. 다만 이번에는 제가 최종적인 합의안을 결정하기 어려워서 오늘은 의사를 서로 확인하는 정도로 하고 바로 연락드리도록 하겠습니다." 이럴 경우 상대 의견을 청취하고 우리측 담당자들과 상의해 보겠다는 정도로 의사를 밝히고 자리를 정리하는 것이 좋겠다. 협상 테이블에서 상대가 하는 '이번 기회가 마지막'이란 말에 흔들리지 않는 것이 좋다.

# 다른 회사는
# 더 좋은 조건을
# 제시합니다
## 거짓 경쟁자

> 상대 회사는 우리와 꼭 계약을 하고 싶다고 하면서 B 회사
> 가 약 10% 낮은 기격을 제시하고 있다고 하더군요. 믿을
> 수도 없고 믿지 않을 수도 없고. 상대 의견을 믿고 5% 더
> 가격을 내렸어요.

상대는 가상의 경쟁자를 만들기도 한다. 가상의 경쟁자를 통
해 더 나은 제안을 받으려고 하거나 양보를 구한다. 빈번하게
일어나는 협상 트릭 중 하나이다.

...

구매를 담당하는 경우 정상적인 입찰 방식으로 진행한다면 경

쟁자가 당연히 있겠지만, 수의 계약 형태로 협상을 진행하는 경우에도 가상의 어떤 경쟁자를 내세워 그 경쟁자보다 더 나은 조건을 제시할 것을 계속 종용하는 경우가 있다. 경쟁심을 유발시키고 상대방보다 더 나은 조건을 제시하지 못하면 협상이 결렬될 듯한 인상을 주면서 불안을 조성하는 것이다.

이럴 때는 상대의 말이 진실인지 의심해 보아야 한다. 가상의 경쟁자에 대하여 좀 더 구체적으로 알려 달라고 할 수 있을 것이다. 혹은 가상의 경쟁자가 제시할 수 있다는 구체적인 조건에 대하여는 자신은 거절의 의사를 분명히 밝히는 것도 좋을 것이다. 이렇게 할 경우 상대는 트릭을 더 이상 사용하지 않을 수 있다. 다른 경우도 마찬가지이지만 자신의 배트나가 좋을 때 더 효과적으로 사용할 수 있다. 배트나가 없거나 강력하지 않아 현재의 협상에 매달리게 되는 것이다.

...

"제가 웬만하면 이쪽 회사와 계약을 하고 싶은데요. 다른 곳에서 더 낮은 가격을 제시해서 난감하네요."

이런 말을 들은 영업 담당 박 이사는 몸이 달아오른다. 상대는 도와주려고 매우 적극적인데 우리 회사의 가격이 더 높아서 난감하다니 말이다. 박 이사는 당장이라도 가격을 낮추어 제안하고 싶다. 며칠 지나자 박 이사에게 전화가 온다.

"박 이사님, 제가 아무래도 그쪽 회사와 계약해야 할 것 같은데요. 가격 때문에……."

◆ 상대의 협상 디자인 & 트릭

상대에게 더 낮은 가격을 제시한 회사가 실제로는 없다. 다만 현재 협상 중인 회사에 압박을 가하고 있는 것이다. 협상 상대는 박 이사가 매우 경쟁적인 사람이고 상무 승진을 앞둔 터라 계약을 놓칠 리 없다고 생각했다. 실제로 박 이사는 매우 흔들렸고 제삼의 협상 상대가 있다고 믿게 된다.

◆ 나의 대응

상대는 더 나은 협상 조건을 위해 가상의 회사나 인물을 내세울 수도 있다. 이는 구매자뿐만 아니라 판매자 입장에서도 더 많은 판매처가 있는 것처럼 속이기도 한다. 상대를 적극적으로 속이는 경우보다는 상대가 스스로 믿게 하는 경우이다. 여러 가지 상황이 믿을 수밖에 없거나 믿지 않을 경우 위험 부담이 커지면 판단에 오류가 생기게 된다. 위의 경우처럼 승진 기회가 걸려 있다면 상대가 하는 말을 쉽게 믿게 된다.

상대가 만일 제삼의 경쟁 구조를 만들고 있거나 비교 대상을 언급하면서 더 나은 조건을 요구한다면 구체적인 상황을 알아볼 필요가 있다. 상대에게 직접 물어 보기 힘들면 우회적으로라도 반드시 확인하는 것이 좋을 것이다. 위의 경우 박 이사는 다음과 같이 상대에게 전달해 볼 수 있다.

"저희 회사가 최대한 조건을 맞추려고 노력하고 있습니다. 다만 좀 더 구체적인 조건을 주셔야 저희 내부와 협의를 해 볼 수 있습니다. 현재 저의가 제시한 조건은 저희 회사로서는 최선을 다한 좋은 조건이어서 더 좋은 조건에 대해 내부적으로도 궁금해 하고 있습니다."

아마도 상대는 더 이상 트릭을 사용하는 것을 주저할 것이다.

# 오늘부터
# 제가 담당합니다
## 협상자 교체

6 ————————————————————

상대와 상당 기간 협상을 하면서 서로 신뢰도 쌓고 이해도
하면서 많은 부분에서 합의를 이루고 있었어요. 그러던 중
갑자기 내부 인사 발령이 나는 바람에 다른 분이 협상을
마무리하겠다고 하더군요. 새로운 분은 저와 잘 맞지 않았
어요.

———————————————————— 9

상대는 때로 더 많은 것을 얻어 내기 위해 협상자를 교체하기
도 한다. 새로운 협상자는 이제까지의 양보는 인정하지 않으
면서 자신이 생각하는 관점과 요구안을 주장한다. 협상자 교
체가 트릭이 될 수 있다는 점이다.

몇 개월 동안 협상을 진행하고 있는데, 상대가 갑자기 협상 담당자가 교체되었다고 하는 경우가 있다. 교체된 이유에 대하여는 분명하게 얘기해 주지도 않는다. 그동안 상대와 많은 얘기를 나누면서 문제를 해결하고 양보안도 제시하였는데 어느 날 갑자기 다른 사람이 협상을 진행할 것이라고 하는 것이다.

만일 어쩔 수 없는 인사이동이 아니라 더 많은 이익을 얻기 위한 트릭이라고 한다면 상대와의 관계도 다시 한 번 생각해 보아야 한다. 그리고 새로 등장한 협상 상대가 이제까지 내가 얻어 낸 협상안들을 부정한다면 나도 마찬가지로 상대에게 제안한 양보안 모두를 철회해야 한다. 필요하다면 우리 쪽에서도 협상자를 교체할 필요가 있을 수도 있다. 그렇게 함으로써 상대도 함부로 어떤 주장을 고집하지 않고 그동안 진행한 협상에 대하여 인정할 수 있을 것이다.

···

"그동안 잘해 주셨는데, 이번 인사이동으로 저 대신 이 부장님이 협상을 마무리할 것 같습니다."

"아니 갑자기 이런 일이……."

"네, 송구하지만 이 부장님께 모두 인수인계해 드리겠습니다. 그럼 잘 부탁드립니다."

흔히 있는 일은 아니지만 상대와 협상 중에 갑자기 협상자를가 교체되는 일이 벌어지는 경우 당황할 수밖에 없다.

◆ 상대의 협상 디자인 & 트릭

상대는 사실 처음부터 중간에 혹은 말미에 협상자를 교체할 생각이었다. 처음 협상자가 최대한 많은 것은 이끌어 내고, 두 번째 협상자는 추가적인 사항들을 요구하여 더 많은 조건을 끌어 낼 계획이었다. 첫 번째 협상자가 너무 많은 것을 요구하면 상대가 들어 주지 않을 것으로 예상했기 때문이다.

◆ 나의 대응

상대가 피치못할 사정이거나 혹은 그렇다 할지라도 협상자가 중간에 교체되면 부담스러운 것이 사실이다. 부담스러울 뿐만 아니라 새로운 협상자가 그간의 협상 내용이나 정황을 잘 이해하지 못할 수도 있고, 내가 요구해야 할 사항에 대하여 흐름을 이어가기 어려울 수 있다.

상대에게는 단호하더라도 일단 "네, 잘 알겠습니다. 다만 혹시 새로 담당하신 이 부장님과 전체적인 내용에 서로 생각이 다르면 이 부장님과 처음부터 다시 협상을 할 수밖에 없겠네요. 제 쪽에서는 좀 부담이 되지만 차라리 그렇게 하겠습니다."라고 말이다.

상대를 압박하지는 않았지만 만일 더 많은 양보를 이끌어 내거나 서로 협의해 오던 내용으로 이어지지 않으면 처음부터 새로 협상하겠다는 뜻을 전한다면 상대가 함부로 그간의 협의 내용을 바꾸거나 추가적인 양보를 하기는 어려울 것이다.

# 오늘 당장 결정하세요
## 시간제한의 압박

6──────────────

상대가 갑자기 협상의 최종 시한을 정하면서 그때까지 협상을 마치지 않으면 협상이 결렬될 수도 있다고 하더군요.

──────────9

협상에서 어느 정도 시한이 있는 것은 사실이다. 문제는 한쪽이 일방적으로 시한을 정해 놓고 상대에게 결정하라고 압박하는 경우이다.

지금까지 제안한 사항에 대해 최종 시한을 정해 주면서 시간 압박을 해 오면 압박을 받은 쪽은 갑자기 들은 제안이라 판단하기도 어려울 뿐만 아니라, 이러한 사실을 통보한 쪽은 사실상 협상 결렬을 통보하는 것이기도 한다. 대부분 그런 말을 듣는 경우 배트나가 약한 처지라면 상대 제안을 수용하는 쪽으로 결정할 가능성이 크다. 상대가 제시한 시간제한이 심리적으로 상당한 압박으로 다가오기 때문이다.

이렇게 상대가 갑자기 어떤 시간제한을 두는 경우 상대의 제안의 진정성을 의심해 보아야 한다. 상대가 불가피하게 시간제한을 두어야 하는 경우가 아니라면, 상대가 트릭을 쓰고 있는 것이 아닌지 의심해 보아야 한다. 그럴 경우에도 배트나가 판단을 하는 데 유용할 것이다. 나의 배트나가 충분히 가치 있고 효과적인 것이라면 그런 경우에 상대의 시간제한을 무시할 수도 있을 것이다. 만일 상대가 정말로 나와 협상을 할 의지가 있다면 시간제한을 어겼다 할지라도 다시 협상을 제안해 올 것이다.

···

"오늘 중으로 협상을 끝내야 합니다. 제가 한두 달간 외국에 있을 예정입니다."

상대와 지난 1개월 동안 대규모 계약 건으로 서로 힘든 협상을 이어왔다. 중간에 서로 격론을 벌이기도 하고 한동안 브레이크 타임을 가지기도 했다. 오늘 중으로 상대가 협상을 완료해야 한다는 말은 아직 몇 가지 사안이 정리되지 않았지만 자신들의 요구대로 합의해 달라는 이야기나 다름없다. 만일 오늘 모두 합의해 주지 않으면 계약 체결은 다시 두 달 이상 늦어질 수 있을 것이다.

상대방의 말대로라면 두 달 동안 아무런 연락도 없을 수도 있다.

◆ 상대의 협상 디자인 & 트릭

상대는 두 달 동안 외국에 있을 생각도, 계약을 지연시킬 생각
도 없다. 상대도 계약이 급하기 때문에 더 이상 미루기 힘들다는
의미이기도 하다. 그럼에도 불구하고 오늘 모든 것을 합의해야 한
다는 압박을 가하는 이유는 무엇인가? 아마도 자신들이 더 유리
하며 상대는 계약 체결에 더 심한 압박을 받을 것이므로 자신들
요구대로 합의를 하는 쪽으로 결정할 것으로 믿는 것이다.

◆ 나의 대응

만일 정말 계약 체결이 당장이라도 급하다면 상대의 그러한
요구에 쉽게 거절하지는 못할 것이다. 아마도 상대가 요구하는 대
로 수긍하면서 계약을 체결할 것이다. 그러나 그런 상황이 아니라
면 상대의 시간 압박에 대하여 어떻게 응할 것인지를 전략적으로
판단해야 한다.

일단, 상대가 앞으로 두 달 동안은 협상할 시간이 전혀 없을
것이라는 점은 거짓일 가능성이 높다. 상대가 지금 당장 계약할
필요가 없다는 점도 전체적인 상황을 보고 판단할 필요가 있다.
두 달이나 계약을 지연시킬 수 없다면 오늘 당장은 아니더라도
상당한 기간 안에 서로 연락해서 계약 체결을 위한 협상을 요청
할 것이다.

나와 상대의 배트나를 고려해 만일에 계약이 결렬될 경우에 누구에게 더 불리할 것인지를 따져 보아야 할 것이다. 일반적으로 고객이나 발주사의 입장에서도 이미 한 달 이상 협상을 해왔다면 쉽게 계약협상을 포기하기는 어렵다. 현재의 협상에서 아주 자유로운 것은 아니라는 말이다. 따라서 종합적으로 판단하되 상대에게는 정중하게 아래와 같이 질문 같은 답변을 하는 것도 좋을 것이다.

"오늘 합의가 모두 이루어지면 저희 측도 대환영입니다. 아마도 저희 쪽에서 요청한 두세 가지 안을 모두 수용해 주신다면 저희도 가장 중요하게 요청하신 안을 받아들일 용의가 있습니다."

여기에 상대가 어떻게 반응하는가에 따라 그다음 조치를 해도 늦지 않을 것이다.

# 협상 테이블의
# 수많은 트릭들

이 책에서는 몇 가지 사례를 들었지만 실제로는 이 사례들까지 서로 조합하기도 하고 수정하기도 하며 새로운 것을 만들어내기도 하면서 다양하게 구사될 것이다. 그럴 때마다 항상 상대의 진정성을 살펴보아야 할 것이다. 상대가 트릭을 사용한다는 것은 좋은 성과를 내야 한다는 압박을 스스로 느끼고 있다는 것을 의미할 수 있고, 또한 트릭을 사용하지 않으면 안 되는 상황에 놓여 있다는 것을 의미할 수도 있기 때문이다.

트릭을 쓰는 이면을 살폈다면 이를 역이용하는 것도 좋을 것이다. 중요한 것은 상대 트릭에 대응하는 당신의 감정 관리나 태도이다. 감정 관리뿐만 아니라 태도 면에서 느긋하고 담담하게 대응한다면 상대도 더 이상은 트릭을 쓰려고 하지 않고 오히려 현안을 해결하기 위해 당신에게 협조를 구할 수도 있다.

물론 내가 더 확고한 배트나를 가지고 있다면 상대는 트릭을 사용하기는 더욱 어려울 것이다. 문제가 되는 것은 언제나 나의 배트나가 취약할 때이다. 그럴 때일수록 상대의 트릭에 더 잘 현혹되기 때문이다.

# 선의로 트릭을
# 쓸 수는 없는가

트릭에 대한 내용을 이해하고 나면, 예전에 당했던 일이 분하기도 하고 지금 현재 진행 중인 협상에서 상대가 트릭을 사용한 것 같기도 할 것이다. 그리고 앞으로의 협상에서 내가 만일 트릭을 선의로 사용하는 것은 어떨까 하고 의문을 가지는 사람들도 있을 것이다. 협상이 잘 진행 되지 않거나 내가 생각한 것만큼의 성과가 나오지 않으면 상대에게 트릭을 사용해서라도 성과를 내고 싶을 것이다. 만일 충분히 능숙하게 상대와의 협상을 이끌어 갈 수 있다면 다음과 같은 방법들은 일부 활용해 보는 것도 좋을 것이다. 다만 상대가 이를 트릭이나 속임수로 간주하지 않도록 유의해야 한다.

◆ 상대와 너무 코드가 맞지 않을 때는 협상가를 교체해 본다

우리 편의 협상가가 상대와 전혀 성향이나 협상 스타일이 맞지 않아 고생하고 협상도 진전이 없다면 상대 협상가에 맞는 협상가로 교체해 보는 것도 좋을 것이다. 상대에게는 이러한 협상가 교체에 대하여 적당한 납득할 수 있는 이유를 설명해야 할 것이다.

◆ 상대가 너무 느긋하거나 협상에 적극적이지 않으면 시간제한을 둔다

상대가 별 다른 이유 없이 협상에 적극적이지 않거나 계속 고집만 부린다면 시간제한을 두고 협상을 하는 것도 방법이다. 상대가 시간제한이 있으면 좀 더 적극적이고 합의를 위해 협상을 더 긴밀하게 할 수 있다. 의사 결정도 물론 더 신속하게 내릴 수 있다. 이 경우 상대가 시간제한을 하나의 악의적 압박을 위한 트릭으로 여기지 않도록 해야 한다.

◆ 요구 사항을 한번에 들어 줄 가능성이 낮으면 조금씩 천천히 요구한다

상대에게 요구할 것이 있으나 상대가 한번에 수용할 가능성이 없다면 상대에게 요구 사항을 잘게 쪼개어 조금씩 천천히 요구해 본다. 이를 살라미 전술이라고도 하는데, 염장한 소시지를 잘게 썰어 먹는 것을 비유하여 조금씩 상대에게 요구한다는 뜻으로 일

킨는다. 상대는 조금씩 나누어 요구하는 것을 이를 트릭으로 간주할 수 있기 때문에 요구 사항이 합리적으로 보여야 한다.

트릭을 사용해서 잃을 수 있는 신뢰나 평판은 충분히 알 수 있으므로 가능한 위의 기술을 선의로도 사용하는 것은 조심해야 한다. 숙련된 협상가라면 제4장의 '협상의 기술'을 활용해도 충분히 협상의 목적을 달성할 수 있을 것이다.

제6장 Key Point

- 상대가 쓸 수 있는 다양한 트릭에 대해 항상 대비하라. 감정에 현혹되지 말고 협상 시나리오 디자인에 집중하여 협상하라.
- 상대의 트릭이 예상되면 협상장에는 2인 이상이 동행하는 것이 좋다. 트릭이 난무할 것 같으면 혼자 가지 마라.
- 배트나가 강하면 트릭에 대하여도 좀 더 자신 있고 담담하게 대응할 수 있다. 충분히 강한 배트나를 만드는 것이 상대의 트릭에 넘어가지 않는 힘이 된다.

# 협상 레버리지의 실제 적용

이 책을 다 읽었다면 당신은 협상에 대한 체계를 어느 정도 이해한 것이다. 그렇다면 이해한 부분을 어떻게 적용할 것인가 라는 중요한 문제가 남아 있다. 이 책을 충분히 읽었다고 할지라도 실제 이것을 현실에 적용하지 못한다면 오히려 읽지 않은 것만 못하다.

만일 당신이 협상을 통하여 회사나 개인에게 도움을 주고 상대와의 관계를 더 개선하기를 바란다면 연습과 노력이 필요하다. 다음과 같은 방법들은 협상 레버리지 기술을 개선하는 데 도움이 될 것이다.

## 일상적인 업무와 생활에서

매일 만나는 동료들을 잘 관찰하고 이들과 대화하면서 이들이 가진 숨은 걱정이나 욕구들을 살펴보는 데 관심을 가져라. 그러한 관심 없이 대화를 하는 것보다 상대의 숨어 있는 걱정거리를 알아내고, 그들이 가진 희망이나 야망도 한번 알아보라. 그러고 나면 상대와의 대화가 훨씬 풍부해질 것이다. 이들이 하는 말 속에 대화를 이끌어 가는 힌트나 실마리가 숨어 있다. 이 힌트나 실마리를 놓치지 않는다면 피상적인 대화만을 나누거나 서로 자신의 주장만 내세우는 대화에서 벗어나 심도 있는 대화를 이어 갈 수 있을 것이다.

이렇게 상대의 숨은 생각을 이해하는 역량이 쌓이면 실제 중요한 비즈니스 대화 혹은 기관 간의 분쟁에서 더 나은 협상을 위한 제안들을 해나갈 수 있을 것이다.

## 연습 또 연습

이러한 역량은 하루아침에 생기지 않는다. 연습을 반복하면서 생기는 체화된 기술이어야 하는데, 사람에 따라 다르겠지만 대부분은 상대의 숨은 생각을 살펴 가면서 대화를 하지는 않기 때문에 처음에는 매우 어색하고 골치도 아플 수 있다.

협상을 제대로 훈련받은 사람들은 직장으로 돌아가 만나는 동료나 상사들이 다르게 보이기 시작했다고 말한다. 그들의 숨은 걱정들 그리고 야망들이 보이기 시작해서 대화의 농도가 달라지기 시작했다는 것이다. 상대의 숨은 생각들을 알아내고 대화하는 연습을 거치고 나면 사람들을 유형화하여 대응하는 방법을 알게 되는 것이다.

협상 레버리지 기술의 내용들을 모두 습득하게 되면 협상 테이블에 나선 상대가 어떤 유형의 사람이고 어떤 것들을 협상 안건으로 할 것이며 어떤 기술을 언제 어떻게 사용할지에 대한 아이디어들이 생길 것이다.

모두 익숙해질 때까지 연습해 보라. 연습하지 않는 것은 수영을 잘 배워 보겠다는 사람이 유튜브에서 수영 동영상만 열심히 보고 실제로 수영장에 들어가 보지 않는 것과 같은 것이다.

## 올바른 협상을 전파하라

협상은 상대가 있는 기술이어서 상대와 어떻게 협상을 했는가에 따라 자신과 상대의 이익이나 감정에 큰 영향을 준다. 그렇기 때문에 협상을 어떤 방식으로 하는가는 자신뿐만 아니라 상대 그리고 그것을 지켜본 다른 사람들에게도 영향을 준다. 만일 자신이 좋지 않은 방법으로 상대와 협상을 했는데 뜻밖의 수확을 얻었을지라도 그것은 상대와의 관계를 사실상 깨는 것이다.

간혹 강의를 나가 보면 좋지 않은 방법과 의도로 협상을 했는데 의외로 이익이 생긴 것을 자랑하듯이 말하는 사람들이 있다. 하지만 결국 그러한 과정과 결과로 인해 오늘 자신의 일에 자신도 모르게 악영향을 받고 있을 수 있다.

올바른 협상은 장기적으로 언제나 자신과 조직에 좋은 영향을 준다. 당장은 이익이 커 보이지 않을지라도 실제로는 더 큰 이익이 숨겨져 있을 수 있다는 것을 알아야 한다.

## 좋은 선례

협상에 있어 좋은 선례를 남기면 자신에게도 좋은 일이지만 그 선례는 다음에 누군가 비슷한 상황에서 협상을 할 때 큰 도움을 받는다. 신입직원이나 협상에 문외한인 사람이 협상하면서 이와 유사한 상황을 만나면 이 선례에 따라 협상을 하고 싶어 하기 때문이다. 그리고 협상 상대에게 좋은 감정과 기억을 남겼다는 생각에 직장이나 기관에서 은퇴하고 난 다음에도 좋은 기억을 가지고 살아가게 된다.

# 협상 준비서(NPP) 작성법

협상 준비서<sup>NPP; Negotiation Preparation Pad</sup>는 나의 생각과 전략을 정리하기 위한 최고의 협상안 디자인 도구이다. 협상 준비서 양식에 협상의 주요한 생각과 전략을 모두 담을 수 있다.

협상 준비서의 주요한 항목으로는 협상 목적, 상대와 나의 숨은 생각, 새로운 제안 그리고 배트나<sup>BATNA</sup>가 있다. 협상을 앞두고 협상 준비서를 작성하여 준비한다면 실제 상황에서 아주 유용하게 사용될 것이다.

## 협상 목적

우선 나의 협상 목적을 이해하고 이를 협상 준비서에 명확히 작성한다. 예를들면 협상 목적을 상대와의 협상에서 나의 재무적 이익을 지킨다거나 재무적 이익을 최대한 올리는 것이 될 수 있다. 혹은 재무적 이익을 포기하더라도 상대와의 관계를 더 향상시키고자 하는 것도 협상 목적이 될 것이다. 이 목적을 설정하는 이유는 협상 전략이 목적에 따라 달라지기 때문이다.

협상을 진행하다 보면 스스로 협상 목적을 잊고 협상 자체에 몰입할 수 있다. 그러다 보면 본래의 협상 목적은 잊은 채 협상을 하게 되고 협상이 한참 진행되거나 끝나서야 자신의 협상이 목적과는 다르게 진행되었다는 것을 깨닫게 된다.

상대의 협상 목적에 대하여는 우선을 명확히 알기 힘들므로 추정하여 작성해 본다. 실제 협상에 돌입 하게 되면 상대의 목적이 명확해진다. 그럴 경우 추정한 목적과 차이나는 부분을 수정하면서 협상을 진행 한다. 협상을 하다 보면 목적과 다르게 진행하게 될 수 있는데 나와 상대의 협상 목적을 분명히 해 두면서 협상을 진행하면 목적에 맞는 협상으로 마무리할 수 있다.

## 협상안(입장)

상대와 내가 주장하는 바 혹은 구체적인 입장을 정리한다. 협상을 하는 이유는 대부분 서로가 가진 입장을 동의하지 못하기 때문이다. 혹은 서로 입장이 완전히 달라 협상을 하는 것이다. 서로 간의 협상에서의 차이를 분명히 알기 위해서는 상대와 나의 협상안이 무엇인지 분명하게 정의되어야 한다. 협상안은 대체로 협상 테이블 이전에도 전달되므로 상대의 협상안도 미리 알 수 있다.

## 상대의 숨은 생각(숨은 이해관계)

나와 상대는 무엇 때문에 고민하는지 상대와 나의 숨은 생각들을 정리해 본다. 상대의 숨은 생각들이 협상안에 영향을 주게 되며 사실상 명시적인 입장이나 주장으로 나타나는 것이다.

협상이 난항을 겪거나 교착 상태에 빠지거나 혹은 상호 분쟁이 격화되는 경우 서로 양보하기 힘든 상황이 된다. 이러한 경우 협상 파워가 약한 당사자가 양보하거나 혹은 양측 모두 양보하지 않고 협상이 결렬 되기도 한다. 혹은 서로 냉각기를 갖기 위해 상당 기간 서로 협상을 보류하기도 한다. 모두를 만족시키는 선에서 문제 해결점을 찾기는 어렵다. 누군가 양보하거나 혹은 양쪽 모두 일정 비율로 양보해야 하기 때문이다.

이런 경우 나와 상대가 가진 숨은 생각인 욕구, 욕망, 공포, 걱정을 파악해 봄으로써 해결의 실마리를 찾을 수 있다. 하지만 이러한 것들은 마음이나 생각 속에 숨어 있기 때문에 서로 알아차리기가 힘들다. 숨은 생각들은 인간이 고민하는 생존이나 기본적으로 가지고 있는 욕구에 가까운 것이어서 협상에서 피상적으로 나타나는 이익과는 다소 다르다. 예를 들자면 회사원에게는 승진 혹은 연봉 인상, 해고 혹은 연봉 동결과 같은 문제와 같은 것이다.

훌륭한 협상가는 피상적인 것을 다루지 않고 인간의 깊은 내면의 모습을 알아차릴 수 있다. 그러므로 나와 상대방의 숨겨진 생각들을 NPP에 한번 정리해 보는 것은 협상 실마리를 찾는 데 크게 도움이 된다.

**새로운 제안**(혹은 창의적 옵션)

서로 간의 숨은 욕구, 욕망, 공포, 근심이 어느 정도 밝혀졌거나 예측이 되면 이를 만족시켜 줄 새로운 제안을 만들어 정리해 본다. 서로가 가진 입장이 다르거나 동의하기 힘들다는 점이 분명하다면 사실상 협상은 교착 상태에 빠지게 되는데, 이때 협상을 타결하고자 하는 자는 협상 파워가 더 약하거나 혹은 협상이 결렬될 경우 더 궁색해지는 쪽이다. 그런데 협상을 타결하려고 양보를 하면 상당한 재정적인 손실을 초래할 수도 있다. 이럴 경우 상대와 내가 가진 숨은 생각에 집중해서 서로가 손해를 보지 않고도 서로 만족할 만한 새로운 제안을 정리해 보는 것이 도움이 된다. 새로운 제안을 창의적 사고에 기반하여 나의 자원은 최소한 사용하면서도 상대의 만족도를 높일 수 있는 것이어야 한다.

**상대와 나의 배트나**

상대와 나의 배트나를 정리한다. 이를 통해 협상이 결렬될 경우 나와 상대가 선택할 수 있는 상황을 추측해 보는 것이다. 나와 상대가 선택할 수 있는 최고의 상황을 다시 선정하여 이를 배트나로 분석한다. 협상이 결렬될 경우 맞이하게 될 상황이 어떤 모습인가에 따라 나의 협상 파워가 결정되기 때문이다.

협상이 결렬되더라도 나에게 더 나은 상황이거나 나쁘지 않은 상황이 닥친다면 더 자신감 넘치는 협상을 할 수 있다. 반면 협상이 결렬되면 나에게 지금보다 훨씬 더 나쁜 상황이 온다면 나는 지금의 협상에 더 매달리게 될 것이다. 그러므로 나의 배트나와 상대의 배트나를 분석해보고 이를 파악하는 것은 매우 중요하다. 배트나는 상대적인 것이고 변화하는 것이어서 상대와 나의 협상 파워는 계속 바뀌게 될 것이다. 그런 변수가 무엇인지를 알아내는 것도 중요하다.

## 협상 가능 영역의 사전 설정

협상 가능 영역, 즉 조파ZOPA의 설정에 대하여는 상대와 나의 배트나 그리고 상대에게 어떤 협상 기술을 활용할 것인지(예를 들어 앵커링 효과)를 종합적으로 판단하여 설정하여야 한다.

조파를 정리하면서 조직 내 동의가 필요한 경우 이를 공유하여야 한다. 최초 제안을 어느 선에서 하며 목표 합의점 그리고 최저점은 어떻게 정할 것인지 모두 정리해 둔다. 그리고 각 협상 아이템마다 우선순위를 정해서 추후 트레이드 오프에 활용하도록 한다.

# 협상 준비서(NPP; Negotiation Preparation Pad) 양식

| 분류 | 나 혹은 우리 조직 | 상대 |
|---|---|---|
| **협상 목적**<br>(이번 협상 목적은 무엇인가?) | | |
| **협상안 / 입장**<br>(나와 상대가 현재 표면적으로 주장<br>하는 것은 무엇인가?_상대가 주장하<br>는 것이므로 알기 쉽다.) | | |
| **숨은 생각 / 숨은 이해관계**<br>(나와 상대의 욕구, 욕망, 걱정, 공포_<br>추측하거나 질문을 통해 힌트를 얻지<br>않으면 알 수 없다.) | | |
| **새로운 제안 / 창의적 옵션**<br>(나와 상대의 숨은 생각, 이해관계를<br>만족할 만한 새로운 제안) | | |
| **배트나**(BATNA)<br>(이 협상이 결렬될 경우 나와 상대의<br>선택은?_배트나의 강약이 곧 협상력<br>이다.) | | |

| 협상 안건 | 트레이드 오프<br>(Trade Off) | | 조파(ZOPA) 분석 | | | |
|---|---|---|---|---|---|---|
| 협상<br>안건<br>분석 | 협상<br>플랜 | 우선순위 | 최저<br>협상<br>결렬 | 타겟<br>(현실적<br>협상 목표) | 최선 | 상대의<br>타겟<br>예측 |
| | | 나 / 상대 | | | | |
| | 1 | | | | | |
| | 2 | | | | | |
| | 3 | | | | | |
| | 4 | | | | | |

Memo